Das Heptameron

Pneumatologia Occulta

Das Heptameron – oder Elemente der Magie

und

Pneumatologia Occulta et vera

zwei Bücher der praktischen Magie

Christian Eibenstein (Herausgeber)

Impressum

Das Heptameron – oder Elemente der Magie

und

Pneumatologia Occulta et vera

zwei Bücher der praktischen Magie

© 2014 Christian Eibenstein

Herstellung und Verlag: BoD – Books on Demand, Norderstedt
Umschlaggestaltung: Christian Eibenstein
Alle Grafiken aus alten Manuskripten
sorgfältig rekonstruiert von Christian Eibenstein

www.Christian-Eibenstein.de.vu

Bibliografische Information der Deutschen Nationalbibliothek:
Die Deutsche Nationalbibliothek verzeichnet diese Publikation in der Deutschen Nationalbibliografie; detaillierte bibliografische Daten sind im Internet über http://dnb.d-nb.de abrufbar.

Printed in Germany

2. Auflage

ISBN 978-3738603224

Vorwort

Das Heptameron – oder Elemente der Magie

Das Heptameron – sieben Tage – verrät bereits im Titel den konzeptionellen Aufbau des Buches, denn ein großer Teil verknüpft die Wochentage mit den Erzengeln und Geistern. Außerdem schimmert bei „sieben Tagen" die Schöpfungsgeschichte der Bibel hervor, die sieben Tage, in denen die Welt erschaffen wurde; hat doch jedes magische Werk den Anspruch zu erschaffen und die Elemente der Natur zu kontrollieren.

Das Buch beginnt mit der Bereitung des Zauberkreises, dazu muss man die Engel und Geister der einzelnen Tages- und Jahreszeiten beachten, die darauf folgend genau angegeben werden. Der praktische Teil beinhaltet unter anderem Segenssprüche, die Bereitung der Räucherung und der Pentakel. Daran schließt sich die Beschwörung der Luftgeister und eine Zeichnung eines Kreises an.

Der nächste Teil „betrachtet" die Wochentage und welche Erzengel ihnen vorstehen. Der Autor gibt Funktionen, Zeichen sowie je eine Beschwörung für jeden der sieben Erzengel wieder. Diese Zeichen der Erzengel haben Standards gesetzt und werden später von anderen Autoren aufgegriffen. Zum Schluss folgen Listen mit Stundenengeln für jeden Tag.

Die Beschwörung und die Zeichnung des Zauberkreises dienen nur als ein Beispiel. Aus den Listen der Geister und Engel lassen sich die Rituale so gestalten, dass sie den eigenen Wünschen dienlich sind.

Das Buch ist durchzogen von vielen geheimen Namen von Geistern. Bedenkt man darüber hinaus die Systematik erkennt man die kabbalistischen Quellen, aus denen das Buch schöpft.

Interessant sind die Listen der Stunden-Engel (ab Seite 34). Hier werden zu jeder Stunde eines jeden Wochentages die zugehörigen Engel genannt. Die Engel sind zuvor den Wochentagen zugeordnet worden, also Michael dem Sonntag, Gabriel dem Montag etc. Beginnt man nun am Sonntag mit der ersten Stunde bei Michael und ordnet jeder weiteren Stunde den nächsten Engel in der Reihenfolge der chaldäischen Reihe (auch Heptazonos genannt) zu, so beginnt jeder Wochentag mit dem ihm eigenen Engel (also der Montag mit Gabriel, der Dienstag mit Samael etc.) Dieser Effekt wurde meines Wissens zuerst von dem Franziskanermönch Ulmannus in dem „Buch der Heiligen Dreifaltigkeit" , zwischen 1410 – 1419, beschrieben. Viele weitere okkulte Werke, z. B. „der kleine Albert" geben diese Listen wieder. Sie zeigen wie die Erzengel, die Planeten und die Zeit – also die Wochentage – eine Einheit bilden und lassen den Magier darüber herrschen. Scheible unterläuft für die 12. Stunde am Mittwoch ein Fehler, er nennt Gabriel statt Samael. Ich habe mir erlaubt diesen Fehler zu korrigieren.

Das Heptameron erschien zuerst im „Handbuch der Rituellen Magie" in Wien, 1496. Später war es im Appendix von Agrippas „De occulta philosophia" zu finden. Man wollte Agrippas Buch praktische Schriften hinzufügen, war sein dreiteiliges Werk doch sehr theoretisch. Das Interesse am Heptameron war bereits zu Beginn groß, erschien es doch schon im 17. Jahrhundert in englischer Übersetzung.

Als vermeintlicher Autor wird Pietro d'Abano angegeben. Er lebte etwa zwischen 1250 und 1316 und war Arzt, Philosoph, Mathematiker, Astrologe und Magier. Als gelehrter Mann reiste er unter anderem nach Konstantinopel und lehrte außerdem an der Universität Padua Philosophie und Astrologie. Pietro d'Abano war sicher nicht der Urheber des Werkes, jedoch erwähnt Agrippa ihn als einer seiner Quellen, womit sich der Kreis wieder schließt.

Ich habe mich hauptsächlich an die Fassung von J. Scheibles Ausgabe „das Kloster" von 1846 gehalten; auch die Rechtschreibung aus dieser Zeit habe ich unberührt wie im Original belassen.

Von Pietro de Abano.

das Heptameron

oder

Elemente der Magie.

Nachstehende Abhandlung soll, der Absicht ihres Verfassers zufolge, eine Einleitung in die magische Wissenschaft sein. Weil aber von demselben die meiste Wirksamkeit in die Zauberkreise gesetzt wird (denn diese sind den Zauberern die sichersten Verwahrungsmittel gegen die Beschädigung der bösen Geister), darum zog er es vor, zuerst …

von dem Zauberkreis und dessen Zusammensetzung

zu handeln. Zuerst hat man darauf zu achten, in welcher Jahreszeit, an welchem Tag und in welcher Stunde die Verfertigung desselben vorzunehmen sey, dann welche Art von Geistern man anrufen wolle, welchem Stern und welcher Weltgegend sie vorstehen, und welcher Art ihre Functionen sind. Man macht drei Kreise von 9 Fuß Breite, die eine Hand breit von einander abstehen, und schreibt in den mittlern Kreis den Namen der Stunde, in welcher man das Werk vornimmt, dann den Namen des Engels, welcher dieser Stunde vorsteht, dann das Siegel dieses Engels, dann den Namen des Engels, welcher dem Tage der Verrichtung vorsteht, dann die Namen der Geister, welche um diese Zeit mächtig sind, dann den Namen des Zeichens, das um diese Zeit kräftig ist, dann den Namen der Erde in einer bestimmten Jahreszeit, dann die Namen der Sonne und des Mondes. In den obern Kreis sind die Namen der Luftgeister, die an diesem Tage herrschen, hinzuzeichnen. Auf der Aussenseite dieses Kreises bringe man Fünfecke nach den vier Weltgegenden an. In den untern Kreis schreibe man nach Morgen Alpha und nach Westen Omega hin, beide werden in der Mitte des Kreises durch ein Kreuz abgetheilt.

Von den Namen der Stunden, und der ihnen vorstehenden Engel.

Zu wissen ist nothwendig, daß der Engel, welcher irgend einem Tage vorsteht, auch über die erste Stunde desselben die Herrschaft führt, der zweite von diesem Planeten steht der zweiten Stunde vor, der dritte der dritten und so fort. Wenn die sieben Planeten und ihre Stunden abgelaufen sind, beginnt die Reihe wieder mit dem ersten, welcher dem Tage vorsteht. Die Namen der Stunden sind:

Tagesstunden	Nachtstunden
1 Yayn.	1 Beron.
2 Janor.	2 Barol.
3 Nasnia.	3 Thanu.
4 Salla.	4 Athir.
5 Sadedali.	5 Mathon.
6 Thamur.	6 Rana.
7 Ourer.	7 Netos.
8 Tamic.	8 Tafrac.
9 Neron.	9 Sassur.
10 Jayon.	10 Aglo.
11 Abay.	11 Calerna.
12 Natalon.	12 Salam.

Von den Namen der Engel und ihrer Siegel wird an seinem Orte die Rede seyn.

Das viertheilige Jahr gab jeder Jahrszeit besondere Namen:

Talvi (Lenz) Casmaran (Sommer)

Ardarael (Herbst) Farlas (Winter).

Die Engel des Lenzes sind:

Caracasa, Core, Amatiel, Commissoros.

Das Haupt des Frühlingszeichens: Spugliguel.

Der Name der Erde im Frühling: Amadai.

Die Namen der Sonne und des Mondes im Frühling:

Abraym (Sol) und Agusita (Luna).

Die Engel des Sommers:

Gargatel, Tariel, Gaviel.

Das Haupt des Frühlingszeichens: Tubiel.

Der Name der Erde im Sommer: Festatui.

Die Namen der Sonne und des Mondes im Sommer:

Athemay und Armatas.

Die Engel des Herbstes:

Tarquam und Gualbarel.

Das Haupt des Herbstzeichens: Tolquaret.

Der Name der Erde im Herbste: Rabianira.

Die Namen der Sonne und des Mondes im Herbste:

Abragini und Matasignais.

Die Engel des Winters:

Amabael und Citarari.

Das Haupt des Winterzeichens: Altarib.

Namen der Erde im Winter: Gerenia.

Name der Sonne und des Mondes im Winter:

Commutaf und Affaterim.

Von den Consecrationen und Einsegnungen.

Wenn der Kreis gemacht ist, besprenge man ihn mit Weihwasser und sage: „Besprenge mich Herr mit Ysop, damit ich rein werde, und weißer als Schnee!"

Der Segensspruch über das Rauchwerk:

„Gott Abrahams, Isaaks und Jacobs! segne hier diese Specereien, damit sie die Kraft ihrer Gerüche verbreiten, damit weder ein Feind noch eine Truggestalt in sie eingehe." Dann wird Weihwasser darauf gesprengt.

Exorcismus des Feuers, welchem das Rauchwerk untergebreitet wird.

Das Feuer, welches das Rauchwerk entzünden soll, wird auf folgende Art exorcisirt. „Ich exorcisire dich, Geschöpf des Feuers, durch die Kraft dessen, durch den Alles gemacht ist, und scheide jede Truggestalt von dir aus, daß sie nicht zu schaden vermöge." Dann spreche man: „Segne Herr dieses Feuer, und heilige es zum Lobe deines heiligen Namens, daß es weder denen, die es tragen, noch denen, die es sehen, Schaden zufüge, durch unsern Herrn Jesum Christum etc."

Vom Kleide und Pentakel.

Das Kleid sey ein priesterliches oder mindestens von reinem weißen Linnen. Dann nimmt man dieses Fünfeck, welches an einem Mittwoch, in der Stunde des Mercur, bei zunehmendem Monde auf Pergament, das aus einer Bockshaut bereitet ist, gezeichnet wurde. Zuvor wird darüber Missa spiritus sancti gesprochen, und Weihwasser gesprengt.

Gebet, bei dem Anziehen des Kleides zu sprechen:

Ancor, Amacor, Amides, Theodonias, Anitor, um der Verdienste deiner heiligen Engel wegen, o Herr, ziehe ich diese Kleider des Heiles an, damit ich das, was ich wünsche, erreichen könne durch dich heiligster Adonai, dessen Reich bestehen wird in Ewigkeit, Amen.

Wie man zu verfahren hat.

Neun Tage hindurch halte der Beschwörer sich rein von allem, was entheiligen könnte, beichte und communicire, bevor er ans Werk geht, wozu nur im zunehmenden Monde die günstigste Zeit ist; einer der Ministranten trage in einem irdenen Gefässe das geweihte Feuer vor ihm her, ein anderer den Weihwasserkessel, ein dritter die Rauchpfanne, ein vierter das Beschwörungsbuch, ein fünfter das priesterliche oder leinene Kleid und Pentakel, er selber das Schwert, worauf der Name AGLA † eingezeichnet, und auf der andern Seite † ON †. Auf dem Wege nach der Beschwörungsstätte murmle er Gebete, und die Ministranten mögen ihm antworten. Und ist er an dem Orte angelangt, wo der Kreis gemacht werden soll, ziehe er die Linien nach oben beschriebener Weise, sprenge Weihwasser und spreche: „Besprenge mich Herr etc!" dann rufe er knieend die sieben Planetengeister an, die auch den sieben Metallen und sieben Farben vorstehen, daß sie ihm in seinem Vorhaben beistehen, wende sich sodann an die Geister der vier Weltgegenden, und nachdem er jeden einzelnen der in dem Kreise bezeichneten Engel angerufen, spreche er: Euch alle beschwöre ich bei dem Throne Adonais, bei dem heiligen Gott Jseyros, Athanatos, Paracletus, Alpha und Omega und bei diesen drei heiligen Namen: Agla, On, Tetragrammaton, daß ihr heute meine Wünsche gewähret! Hierauf lest er die Beschwörungsformel ab. Sollten die Geister diesem Aufgebot nicht gehorchen, so zwinge man sie durch nachstehenden Exorcismus.

Beschwörung der Luftgeister.

Wir, erschaffen nach dem Ebenbilde Gottes, ausgerüstet mit der Macht Gottes, und durch seinen Willen entstanden, durch den allmächtigen Namen EL beschwören wir euch (hier sind die Geister und ihre Rangordnung namhaft anzuführen), und gebieten durch den Namen Adonai, El, Elohim, Elohe, Zebaoth, Elion, Esereheje, Iah, Tetragrammaton, Sadai, daß ihr uns sogleich in diesem Kreise in menschlicher Gestalt erscheint, kommt Alle, weil wir euch gebieten durch den Namen Y und V welchen Adam hörte, und beim Namen AGLA, den Loth hörte, und mit den Seinen errettet ward, bei dem Namen Jot, welchen Jakob hörte, als er mit dem Engel rang und aus der Gewalt seines Bruders Esau befreit wurde, bei dem Namen Anephxeton, den Aaron hörte, und beredt wurde, nachdem er zuvor ein Mann von unbeschnittener Lippe gewesen, und bei dem Namen Zebaoth, welchen Mose nannte, und die Flüsse Egyptens mit Fröschen überfüllte, daß sie in die Häuser krochen, und bei dem Namen Eljon, den Mose nannte, und einen Hagel bewirkte, wie nie vorher auf Erden einer gesehen worden, und bei dem Namen Adonai, den Mose nannte, und bewirkte, daß Heuschrecken das Land verfinsterten und verzehrten, was der Hagel nicht zerstört hatte; bei dem Namen Alpha und Omega, den Daniel nannte, und dadurch den Drachen des Bel zerstörte, und bei dem Namen Emanuel, den die

drei Jünglinge Sidrach, Misach und Abednego im feurigen Ofen spra-
chen, und von der Flamme verschont wurden, und bei dem heiligen
Gott, Jseyros, Paracletus, und bei diesen drei heiligen Namen AGLA,
ON, Tetragrammaton beschwöre ich Euch, die ihr durch eigene Schuld
aus dem Himmel gestürzt seyd in die untersten Tiefen der Hölle, wir
befehlen euch durch den, welcher sprach, und es geschah, dem alle
Kreatur gehorcht, und wir beschwören euch bei den vier heiligen Thieren, die vor dem Thron der Herrlichkeit Gottes einherschreiten, vorn
und hinten mit Augen besäet, und bei allen heiligen Engeln im Himmel
und bei der Weisheit des Allmächtigen beschwören wir euch, daß ihr in
diesem Kreise erscheint, um unsern Willen zu thun in Allem, wie es uns
gefällt. Kommt! eilt! was säumt ihr? Euch befiehlt Adonai Sadai, der
König der Könige, El, Aty, Titeip, Azia, Hyn, Minosel, Achadan, Vay,
Vaa, Ey, Haa, Eye, Exe, a El, El, El, a Hy, Hau, Hau, Hau, Va, Va, Va,
Va.

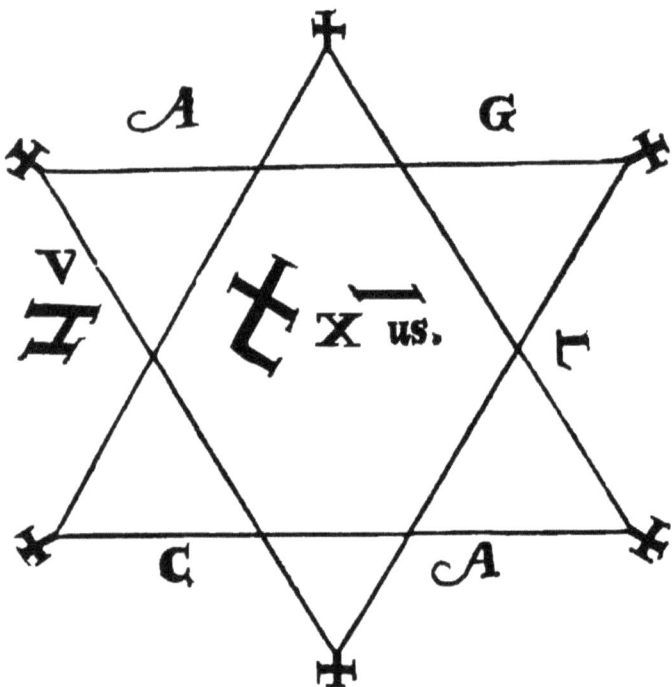

Gebet, welches im Kreise nach den vier Weltgegenden gerichtet, zu sprechen ist.

A Morule, Taneha, Latisten, Rabur, Taneha, Latisten, Escha, Aladia, Alpha und Omega, Leyste, Oriston, Adonai, himmlischer Vater, erbarme dich meiner, mache mich lauter an diesem Tage, zur Verherrlichung deines Namens gegen die widerspenstigen Geister. Ich ruft dich an, daß du sie zwingest, mir Rede zu stehen über das, was ich sie fragen werde, und mache sie unfähig zu schaden oder zu schrecken, und daß sie meinen Befehlen gehorchen.

Dann stelle sich der Beschwörer in die Mitte des Kreises, nehme das Pentakel zur Hand und spreche: „Bei dem Pentakel Salomonis! gebt mir wahren Bescheid!"

Visionen und Erscheinungen.

Wenn Alles nach Vorschrift vollzogen ist, werden zahllose Gestalten der verschiedensten Art, meist Schreckbilder erscheinen, und die Ministranten aus dem Kreise zu verscheuchen streben, weil sie gegen den Meister selber nichts vermögen, sie werden sich in wilde Bestien verwandeln und mit geöffnetem Rachen auf die Jünger losgehen, als wollten sie sie verschlingen, aber ein Machtwort des Beschwörers wird sie ihm gehorsam machen, die Jünger aber werden nichts mehr gewahren. Dann wird der Exorcisator, die Hand auf das Pentakel legend, sprechen: „Sehet das Siegel Salomonis, ich trotze euch durch die Kraft der himmlischen Heerschaaren, eilt und gehorcht eurem Gebieter!" Darauf wird er nach den vier Weltgegenden pfeifen, und sogleich wird ein großes Geräusch sich vernehmen lassen, und Stimmen einander zurufen: Eilt, eilt, gehorcht eurem Gebieter im Namen des Herren Bathat, Bachat, Abeor, Aberer.

Dann werden sie in ihrer wirklichen Gestalt erscheinen, und wenn man sie bei dem Kreise erblickt, so zeige man ihnen das nun entblößte Pentakel und spreche: „Seyd nicht ungehorsam!" Sogleich werden sie eine freundlichere Gestalt annehmen und den Beschwörer anreden: „Fordere was du willst von uns! denn wir sind bereit, allen deinen Aufträgen zu willfahren, weil der Herr uns dazu zwingt." – Wenn die Geister erscheinen, so spreche man: „Gut, daß ihr gekommen seyd, denn ich rief euch durch Jenen, vor dem sich jedes Knie beugt, alle Wesen des Himmels, der Erde und der Unterwelt, in dessen Gewalt die Schicksale aller Reiche sind. Ich gebiete euch, durch den, welcher dem Ocean seine Grenzen anwies, bleibt hier vor dem Kreise stehen und antwortet Wahrheit auf die Fragen, die ich euch vorlege, auch sollt ihr euch nicht entfernen, bevor ich euch entlasse. Dieß befehle ich euch durch die Macht dessen, der aller Wesen Schöpfer ist, Amen!" – Nun darf der Beschwörer verlangen was er will, und es wird geschehen. Dann entlasse er die Geister mit den Worten: „Im Namen des Vaters, des Sohnes und des heiligen Geistes! geht in Frieden an euern Ort, und Friede sey zwischen uns und euch!"

Das ist es, was Pietro di Abano von den Elementen der Magie lehrte. Damit aber der Leser die Bedeutungen des Kreises leichter erkenne, ist hier ein Schema beigegeben. Wollte Jemand z. B. zur Frühlingszeit in der ersten Stunde des Sonntags einen Kreis machen, so müßte er ihn nach folgender Figur entwerfen:

Figur des Kreises für die erste Stunde eines Sonntags im Frühlinge.

Wir haben nun noch die Woche, ihre einzelnen Tage und die ihnen vorstehenden Geister zu erforschen. Zuerst vom Sonntag.

Betrachtungen für den Sonntag.

Der Engel des Sonntags und sein Siegel, sein Planet, das Zeichen desselben und der Name des vierten Himmels.

Engel des Sonntags:

Michael, Dardiel, Huratapel.

Engel, welche am Sonntag in der Luft herrschen:

Varcan, König. Tus, Andas, Cynabal (seine Diener).

Der Wind, welchem sie untergeben sind:

Boreas.

Die Engel des vierten Himmels, die der Beschwörer am Sonntag aus allen vier Weltgegenden herbeizurufen hat.

Gegen Osten:

Samael, Baciel, Atel, Fabriel, Vionatraba.

Gegen Westen:

Anael, Pabel, Ustael, Burchat, Succratos, Sapabili.

Gegen Norden:

Aiel, Aquiel, Masgabriel, Sapiel, Matuyel.

Habudiel, Machasiel, Charsiel, Uriel, Naromiel.

Rauchwerk für den Sonntag:

Rothes Sandelholz.

Beschwörung am Sonntag:

„Ich beschwöre über euch in Namen Adonai Eye, Eye, Eya, der da ist, war und sein wird, im Namen Sadai's, Cados, Cados, der über den Cherubim thront, im Namen des Allmächtigen, der am ersten Tage die Welt, Himmel, Erde und Meer erschaffen, und Alles was darin ist, und es mit seinem Namen Phaa bezeichnete; wie auch im Namen aller heiligen Engel, welche vor dem Allmächtigen dienen; auch im Namen der Sonne, beschwöre ich dich Erzengel Michael, der du dem Sonntag vorgesetzt bist, erfülle du meinen Wunsch" (Hier wird dieser angegeben).

Die Luftgeister des Sonntags stehen unter dem Boreas. Ihre Natur ist Gold, Edelsteine, Karbunkel, Reichthümer und Gunst zu verschaffen, Feindschaften auszuführen, Krankheiten aufzuheben.

Betrachtungen für den Montag:

Der Engel des Montags, sein Siegel, sein Planet und das Siegel desselben, und der Name des ersten Himmels.

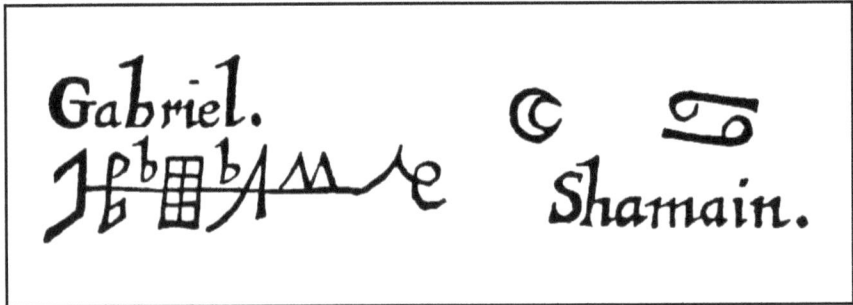

Engel des Montags:

Gabriel, Michael, Samael.

Engel, welche am Montag in der Luft regieren:

Arean, König. Bilet, Missabu, Abuzaha (seine Diener).

Der Wind, welchem die Luftengel untergeordnet sind:

Zephyr.

Die Engel des ersten Himmels, die am Montag regieren, und welche der Beschwörer aus den vier Weltgegenden herbeizurufen hat.

Gegen Osten:

Gabriel, Gabrael, Madiel, Deamiel, Janael.

Gegen Westen:

Sachiel, Zaniel, Habaiel, Bachanael, Corabiel.

Gegen Norden:

Mael, Vuael, Valnum, Baliel, Balay, Humastrau.

Curaniel, Dabriel, Darquiel, Hanun, Anayl, Vetuel.

Rauchwerk für den Montag:

Aloe.

Beschwörung am Montag:

„Ich beschwöre über euch im Namen Adonai, Eie, Eie, Eie. Cados, Cados, Cados, Achim, Achim, Ja, Ja, des starken Ja, der aus Sinai erschien in der Herrlichkeit des Königs Adonai, Sadai, Zebaoth, Anathay, Ya, Ya, Ya. Abim, Jeia, der alle Wasser erschaffen hat am zweiten Tag, und das Meer mit seinem hohen Namen bezeichnete, ich beschwöre euch bei den Namen der Engel, denen Orphaniel, der Erzengel, vorgesetzt ist, und bei dem Namen des Mondes; auch dich beschwöre ich, o Gabriel, der du dem Montag vorgesetzt bist, daß ihr meinen Wunsch erfüllet etc."

Die Montagsgeister der Luft schaffen Silber, schnelle Rosse, theilen die Geheimnisse verstorbener und lebender Personen mit, tragen Dinge von einem Orte zum andern.

Betrachtung für den Dienstag.

Der Engel des Dienstags, sein Siegel, sein Planet und dessen Zeichen, der Name des fünften Himmels.

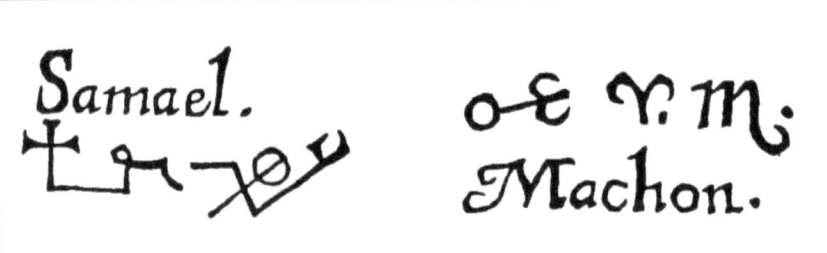

Engel des Dienstags:

Samael, Satael, Amabiel.

Luftgeister, die am Dienstag regieren:

Samax, König. Carmax, Jsmoli, Paffran (seine Diener.)

Der Wind, dem die Luftgeister untergeordnet sind:

Subsolanus.

Engel des fünften Himmels, die am Dienstag regieren, und welche der Beschwörer aus den vier Weltgegenden herbeizurufen hat.

Gegen Osten:

Friagne, Guael, Lamael, Calzas, Arragon.

Gegen Westen:

Lama, Astagna, Lobquin, Soncas, Jaxel, Jsiael, Jrel.

Gegen Mitternacht:

Rahumel, Hyniel, Rayel, Seraphiel, Mathiel, Fraciel.

Gegen Mittag:

Sacriel, Janiel, Galdel, Osael, Vianuel, Zaliel.

Rauchwerk für den Dienstag:

Pfeffer.

Beschwörung am Dienstag:

„Ich beschwöre euch bei dem Namen Ya, Ya, Ya, He, He, He, Va, Hy, Hy, Ha, Ha, Va, Va, Va, An, An, Aie, Aie, Aie, El, Ay, Elibra. Eloim, Eloim, und bei den Namen des höchsten Gottes, welcher die Wasser austrocknete und die Erde hervor rief, und Bäume und Gräser, und sie mit seinem heiligen Namen besiegelte, und bei den Engeln, welche drin starken, mächtigen Acimoy dienen, und bei dem Namen des Sterns, welcher am Dienstag regiert, und bei dem Namen Adonai, des wahren und lebendigen Gottes, daß du meine Wünsche erfüllest etc."

Die Luftgeister des Dienstags verursachen Krieg und Sterblichkeit, Todtschlag und Feuersbrunst, Pest und Seuche.

Betrachtung für den Mittwoch.

Der Engel des Mittwochs, sein Siegel, sein Planet, dessen Zeichen, der Name des zweiten Himmels.

Engel des Mittwochs:

Raphael, Miel, Saraphiel.

Luftgeister, die am Mittwoch herrschen:

Mediat, König. Suquinos, Sallales (seine Diener).

Der Wind, dem sie untergeordnet sind:

Africus.

Die Engel des zweiten Himmels, die am Mittwoch regieren, und die der Beschwörer aus den vier Weltgegenden herbeizurufen hat:

Gegen Osten:

Mathlai, Tarmiel, Baraborat.

Gegen Westen:

Jerescue, Mitraton.

Gegen Norden:

Thiel, Rael, Jariahel, Venahel, Velel, Abuiori, Ucirnuel.

Gegen Süden:

Milliel, Nelapa, Babel, Caluel, Vel, Laquel.

Rauchwerk für den Mittwoch:

Das Harz Mastix.

Beschwörung am Mittwoch:

„Ich beschwöre über euch, die starken und heil. Engel, im Namen des starken, furchtbaren, gebenedeiten Adonai, Eloim, Sadai, Sadai, Sadai, Eie, Eie, Eie, Asamic, Asarie, im Namen des Gottes Israel, welcher die großen Himmelslichter erschaffen hat, daß sie Tag und Nacht unterscheiden, und im Namen der Engel, die dem Erzengel Tetra dienen, und im Namen des Sterns, welcher am Mittwoch regiert, und bei dem Namen des Schöpfers, des allerhöchsten Gottes, der auf der Stirne des Priesters Aaron zu lesen war, und im Namen der Thiere des Thrones, die sechs Flügel haben, daß ihr meine Wünsche erfüllt etc."

Die Mittwochsgeister der Luft geben alle Arten von Metalle, und die Fähigkeit, in Vergangenheit und Zukunft zu blicken, verschaffen Kriegsglück, Kenntnisse, namentlich in der Chemie, Geister zu binden und zu entfesseln, Schlösser zu öffnen etc.

Betrachtung am Donnerstag.

Der Engel des Donnerstags, sein Siegel, Planet und dessen Zeichen, der Name des sechsten Himmels.

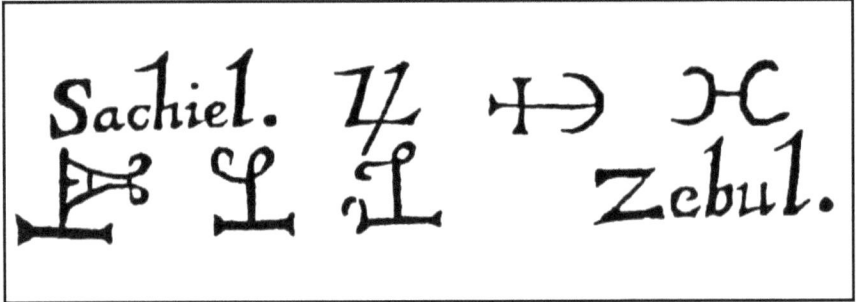

Engel des Donnerstags:

Sachiel, Castiel, Asasiel.

Luftgeister, die am Donnerstag regieren:

Suth, König. Maguth, Gutriz (seine Diener).

Der Wind, dem sie untergeordnet sind:

Auster.

Weil aber über dem fünften Himmel keine Luftgeister angetroffen werden, so spricht der Beschwörer, gegen die vier Weltgegenden gerichtet, folgendes Gebet:

Gegen Osten:

O erhabener Gott, geehrt in Ewigkeit!

Gegen Westen:

O allweiser und gerechter, allgütiger Gott! ich bete zu dir, daß du mein heutiges Vorhaben begünstigest! du, der du lebst und regierst in Ewigkeit, Amen!

Gegen Norden:

O Gott ohne Anfang!

Gegen Süden:

O allbarmherziger Gott!

Rauchwerk für den Donnerstag:

Safran.

Beschwörung am Donnerstag:

„Ich beschwöre über euch die heiligen Engel bei dem Namen Cados, Cados, Cados, Eschereie, Escherie, Escherie, Hatim ya, Cantine, Jaym, Janic, Anic, Calbat, Sabbak, Berifay, Alnaym und beim Namen des A-donai, der alles Kriechende und die Bewohner der Luft und der Gewässer am fünften Tag erschaffen hat, und bei den Engeln, die dem Engelfürsten dienen, und bei dem Stern, welcher am Donnerstag regiert, und bei allen Sternen und ihren Kräften, beschwöre ich insbesondere dich, Erzengel Sachiel, der du dem Donnerstag vorgesetzt bist, daß du für meine Wünsche wirken mögest etc."

Die Natur der dem Auster untergebenen Geister ist: Frauengunst zu verschaffen, Menschen heiter und fröhlich zu stimmen, Feinde zu versöhnen, Kranke zu heilen und Schaden abzuwehren.

Betrachtung am Freitag:

Der Engel des Freitags, sein Siegel, Planet und dessen Zeichen, der Namen des dritten Himmels.

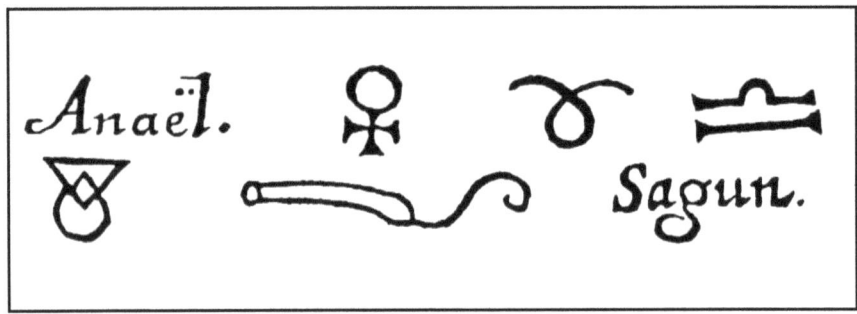

Engel des Freitags:

Anael, Rachiel, Sachiel.

Luftgeister, die am Freitag regieren:

Sarabotres, König. Amabiel, Aba, Abulidoth, Flaef (seine Diener).

Der Wind, dem sie untergeordnet sind:

Zephyr.

Engel des dritten Himmels, die am Freitag regieren, und welche der Beschwörer aus allen vier Weltgegenden herbeiruft:

Gegen Osten:

Setchiel, Chedisutaniel, Corat, Tamael, Tenaciel.

Gegen Westen:

Turiel, Coniel, Babiel, Kadie, Maltiel, Hufaltiel.

Gegen Norde:

Peniel, Penael, Penat, Raphael, Raniel, Doremiel.

Gegen Süden:

Porna, Sachiel, Chermiel, Samael, Santanael, Famiel.

Rauchwerk für den Freitag:

Costus (ein indianischer Strauch).

Beschwörung am Freitag:

„Ich beschwöre über euch die heiligen und mächtigen Engel im Namen On, Hey, Heya, Ja, Je, Adonai, Sadai, und im Namen dessen, welcher alle vierfüßigen Thiere und den Menschen am sechsten Tage erschaffen hat, der dem Adam die Herrschaft über alles Lebende gegeben, wofür gepriesen sey der Name des Schöpfers in der Höhe, und bei den Namen aller Engel, die dem Erzengel Dagiel gehorchen, und bei dein Namen des Sterns, der am Freitag regiert, insbesondere aber beschwöre ich dich, Anael, der du diesem Tag vorgesetzt bist, erfülle meine heutigen Wünsche etc."

Die Luftgeister dieses Tages regen den Menschen zur Verschwendung an, geben aber auch Schätze, stiften Ehen, verführen die Männer zur Sinnenlust, heben und geben Krankheiten.

Betrachtung für den Sonnabend:

Der Engel des siebenten Tages, sein Siegel, Planet und dessen Zeichen.

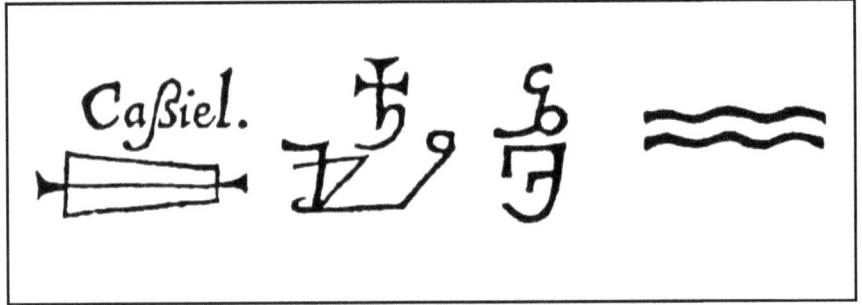

Engel des siebenten Tages:

Cassiel, Machatan, Uriel.

Luftgeister, die am siebenten Tag regieren:

Maymon, König. Abumalith, Assaibi, Balidet (seine Diener).

Der Wind, dem sie untergeordnet sind:

Africus.

Rauchwerk für den siebenten Tag:

Schwefel.

Mit Beziehung auf das in der Betrachtung für den Donnerstag von den Luftgeistern Gesagte, gilt das dort vorgeschriebene Verhalten für den Beschwörer, wenn er sich im Gebete gegen die vier Weltgegenden wendet, auch hier.

Beschwörung am siebenten Tag:

„Ich beschwöre über euch Caphriel oder Cassiel, Machatori und Sera-
quiel die mächtigen Engel, und im Namen Adonai, Adonai, Adonai, Eie,
Eie, Eie, Acim, Acim, Acim, Cados, Cados, Ima, Jma, Saclay, Ja, Sar,
des Gründers der Zeiten, welcher am siebenten Tage geruht hat, und
durch jenen, welcher nach seinem Wohlgefallen den Kindern diesen
siebenten Tag zur Heiligung gab, um die Belohnung dafür in der künf-
tigen Welt zu erhalten, und bei den Namen der Engel, die dem Erzengel
Booel dienen, und bei dem Namen des Sterns, der am siebenten Tage
regiert, ich beschwöre über dich Caphriel, der du vorgesetzt bist dem
siebenten Tage, daß meine Wünsche förderst etc."

Die Luftgeister des siebenten Tages streuen gern Zwietracht aus und
sinnen Böses, freigebig sind sie mit Blei, Tod und Verstümmlung gehen
von ihnen aus.

Die Stunden-Engel.

Sonntag.

Stunden des Tages:	Stunden-Engel:	Stunden der Nacht:	Stunden-Engel:
1. Yayn	Michael	Beron	Sachiel
2. Janor	Anael	Barol	Samael
3. Nasnia	Raphael	Thanu	Michael
4. Salla	Gabriel	Athir	Anael
5. Sadedali	Cassiel	Mathon	Raphael
6. Thamur	Sachiel	Rana	Gabriel
7. Ourer	Samael	Netos	Cassiel
8. Tanic	Michael	Tafrac	Sachiel
9. Neron	Anael	Sassur	Samael
10. Jayon	Raphael	Aglo	Michael
11. Abay	Gabriel	Calerna	Anael
12. Natalon	Cassiel	Salam	Raphael

Montag.

Stunden des Tages:	Stunden-Engel:	Stunden der Nacht:	Stunden-Engel:
1. Yayn	Gabriel	Beron	Anael
2. Janor	Cassiel	Barol	Raphael
3. Nasnia	Sachiel	Thanu	Gabriel
4. Salla	Samael	Athir	Cassiel
5. Sadedali	Michael	Mathon	Sachiel
6. Thamur	Anael	Rana	Samael
7. Ourer	Raphael	Netos	Michael
8. Tanic	Gabriel	Tafrac	Anael
9. Neron	Cassiel	Sassur	Raphael
10. Jayon	Sachiel	Aglo	Gabriel
11. Abay	Samael	Calerna	Cassiel
12. Natalon	Michael	Salam	Sachiel

Dienstag.

Stunden des Tages:	Stunden-Engel:	Stunden der Nacht:	Stunden-Engel:
1. Yayn	Samael	Beron	Cassiel
2. Janor	Michael	Barol	Sachiel
3. Nasnia	Anael	Thanu	Samael
4. Salla	Raphael	Athir	Michael
5. Sadedali	Gabriel	Mathon	Anael
6. Thamur	Cassiel	Rana	Raphael
7. Ourer	Sachiel	Netos	Gabriel
8. Tanic	Samael	Tafrac	Cassiel
9. Neron	Michael	Sassur	Sachiel
10. Jayon	Anael	Aglo	Samael
11. Abay	Raphael	Calerna	Michael
12. Natalon	Gabriel	Salam	Anael

Mittwoch.

Stunden des Tages:	Stunden-Engel:	Stunden der Nacht:	Stunden-Engel:
1. Yayn	Raphael	Beron	Michael
2. Janor	Gabriel	Barol	Anael
3. Nasnia	Cassiel	Thanu	Raphael
4. Salla	Sachiel	Athir	Gabriel
5. Sadedali	Samael	Mathon	Cassiel
6. Thamur	Michael	Rana	Sachiel
7. Ourer	Anael	Netos	Samael
8. Tanic	Raphael	Tafrac	Michael
9. Neron	Gabriel	Sassur	Anael
10. Jayon	Cassiel	Aglo	Raphael
11. Abay	Sachiel	Calerna	Gabriel
12. Natalon	Samael	Salam	Cassiel

Donnerstag.

Stunden des Tages:	Stunden-Engel:	Stunden der Nacht:	Stunden-Engel:
1. Yayn	Sachiel	Beron	Gabriel
2. Janor	Samael	Barol	Cassiel
3. Nasnia	Michael	Thanu	Sachiel
4. Salla	Anael	Athir	Samael
5. Sadedali	Raphael	Mathon	Michael
6. Thamur	Gabriel	Rana	Anael
7. Ourer	Cassiel	Netos	Raphael
8. Tanic	Sachiel	Tafrac	Gabriel
9. Neron	Samael	Sassur	Cassiel
10. Jayon	Michael	Aglo	Sachiel
11. Abay	Anael	Calerna	Samael
12. Natalon	Raphael	Salam	Michael

Freitag.

Stunden des Tages:	Stunden-Engel:	Stunden der Nacht:	Stunden-Engel:
1. Yayn	Anael	Beron	Samael
2. Janor	Raphael	Barol	Michael
3. Nasnia	Gabriel	Thanu	Anael
4. Salla	Cassiel	Athir	Raphael
5. Sadedali	Sachiel	Mathon	Gabriel
6. Thamur	Samael	Rana	Cassiel
7. Ourer	Michael	Netos	Sachiel
8. Tanic	Anael	Tafrac	Samael
9. Neron	Raphael	Sassur	Michael
10. Jayon	Gabriel	Aglo	Anael
11. Abay	Cassiel	Calerna	Raphael
12. Natalon	Sachiel	Salam	Gabriel

Samstag.

Stunden des Tages:	Stunden-Engel:	Stunden der Nacht:	Stunden-Engel:
1. Yayn	Cassiel	Beron	Raphael
2. Janor	Sachiel	Barol	Gabriel
3. Nasnia	Samael	Thanu	Cassiel
4. Salla	Michael	Athir	Sachiel
5. Sadedali	Anael	Mathon	Samael
6. Thamur	Raphael	Rana	Michael
7. Ourer	Gabriel	Netos	Anael
8. Tanic	Cassiel	Tafrac	Raphael
9. Neron	Sachiel	Sassur	Gabriel
10. Jayon	Samael	Aglo	Cassiel
11. Abay	Michael	Calerna	Sachiel
12. Natalon	Anael	Salam	Samael

Aber es ist unteranderem zu beachten, dass die erste Stunde des Tages, in jedem Land und in jeder Jahreszeit immer die ist, wenn die Sonne aufgeht und sich über dem Horizont erhebt, und die erste Nachtstunde ist die dreizehnte Stunde, von der ersten Stunde des Tages an gerechnet. Aber von diesen Dingen ist ausreichend gesprochen.

Ende

Pneumatologia occulta et vera

Das Buch Pneumatologia – Geisterlehre – taucht ca. 1660 als Handschrift auf, ich habe die Fassung von Conrad Horst aus seiner „Zauberbibliothek" aus dem Jahre 1821 gewählt und beginne das Buch auch mit seiner Einleitung.

Das Buch präsentiert eine generelle Einführung in die Beschwörung der Geister und gliedert sich in mehrere Teile.

Ein Fokus bildet das Finden von Schätzen, zum Beispiel mit einer Wünschelrute und erklärt wie diese bereitet werden muss.

Weitere Themen sind die Beschreibungen verschiedener Geister und Engel neben ihren Beschwörungen. Dazu gehören auch die Siegel der Planeten nebst ihren Intelligenzen und Dämonen, die aus Agrippas Werken bekannt sind. Auch in diesem Buch werden die Erzengel in Bezug zu den Wochentagen eingeteilt und deren Siegel wiedergegeben, so wie wir sie bereits aus dem Heptameron kennen, allerdings sind die Zeichen plakativer.

Einen großen Teil des Buches nimmt ein komplettes Schatzgräber-Ritual ein – inklusive Vorbereitung, Gebet, Bereitung von Licht, Rauchwerk sowie eines Kreises. Die eigentliche Beschwörung in steigender Intensität hat den Aufbau eines Tatsachenberichts; es wird erklärt wie die Geister sich wehren werden und wie man sich dann zu verhalten hat. Das Ritual endet mit einer Abdankung gefolgt von dem 91. Psalm, den man abschließend beten sollte.
Auch dieses Werk ist sehr praktisch orientiert, beschreibt die Fähigkeiten der Engel und Geister, so dass der Magier sich sein Ritual nach seinen Wünschen zusammenstellen kann.

Rechtschreibung und sämtliche Anmerkungen von C. Horst habe ich belassen; eigene Anmerkungen sind als solche gekennzeichnet (als *Anm. C. E.*).

Pneumatologia occulta
et vera

Moralisch – historische Einleitung zu dieser Schrift.

Erster Abschnitt.

I.

Ich halte mich verpflichtet, die Pneumatologia occulta meinen Lesern
«ganz» mitzutheilen. Von den übrigen Schriften der Art werd' ich nur
historische Notizen und kurze Auszüge geben. Ein vollständiges histori-
sches Actenstück aber, welches die neuere Theurgie dem Geschichts-
chreiber veranschaulicht, gehört nach ihrer wissenschaftlichen Tendenz
in die Zauber-Bibliothek. Da die Pneumatologia nun sehr hoch ge-
schätzt wird und noch nicht gedruckt ist; so hielt ich sie dazu am ange-
messensten.

Bereits der ganze unmittelbar vorher gehende Aufsatz über die Theurgie ist zur Einleitung für die verschiedenen theurgischen Schriften be-
stimmt, von welchen die Zauber-Bibliothek Kunde geben wird. Wer
solchen aufmerksam liest, wird sich dadurch in den Stand gesetzt sehen,
dergleichen Schriften vom rechten Standpunkt aus zu beurtheilen.

Es ist gar nicht nöthig, daß wir über dieselben, wie in den älteren Büchern über das Zauberwesen geschieht, kirchlich-orthodoxe Bannflüche aussprechen, oder sie gar der Blasphemie anklagen. Dieß würde in unseren Zeiten nur als ein lächerlicher Eifer erscheinen, und mit Recht selbst verlacht werden. Das herzbrechende theurgische Gebet zu Anfange der Pneumatologia occulta, ist allerdings in gewisser Hinsicht ein Mißbrauch des Namens Gottes. Aber es wird ja auch nicht mitgetheilt als ein Muster von einem vernünftigen, gottgefälligen Gebet, sondern als ein historischer Beitrag zur Theurgie in neuerer Zeit. Ohne solche Actenstücke läßt sich keine Geschichte schreiben. Die Theurgie aber ist ein wesentlicher Theil der Geschichte sowohl in der alten, als neuen Zeit.

Die verständigen Leser werden sie zu ernsten Betrachtungen über die mannichfachen Verirrungen des menschlichen Geistes veranlaßen, und dieß ist genug. Noch Andere werden darüber lachen, und dieß schadet auch nichts. Keinem Menschen, der Verstand hat, (der Verstandlose kann die Bibel mißbrauchen, und – mißbraucht sie!) können sie gefährlich seyn oder ihn zum Aberglauben verleiten, dieß ist die Hauptsache.

Indeß mögen hier noch einige moralisch – religiöse Aeußerungen älterer und neuerer Denker über den Inhalt und die Tendenz solcher Schriften stehn. Wir schreiben sie, um nicht von Neuem eine Abhandlung zu schreiben, ohne Commentar nieder. Dem Einsichtsvollen bieten sie Stoff zu weiteren Reflexionen dar; die minder Einsichtsvollen oder Vorwitzigen können sie sich zur Lehre und Warnung dienen laßen, welche ich hiermit noch außerdem in Betreff vorwitziger theurgischer Künste angelegentlich bitte, die höchst wundersame und in der That abschreckende Geschickte zu lesen, die sie in diesem Theil der Z. B. Abth. IV. Num. 4. erzählt finden, in der von einer Begebenheit Bericht erstattet wird, welche noch nicht historisch aufgeklärt ist.

Außerdem können die verschiedenen Stellen, welche wir anführen wollen, zugleich auch noch in wissenschaftlicher Hinsicht über einzelne Punkte des voran stehenden Aufsatzes, ein näheres Licht verbreiten.

II.

Vielfältig wird die allzu gespannte Erwartung, in der Theurgie von Betrug und Gaukelei hintergangen. Es läßt sich gar nicht erklären, wie die Götter und Dämonen sich von schwächeren Menschen sollten befehlen laßen, so bald es diesen gefällt, sie zu citiren. Sie verlangen, daß, wer ihnen dienen wolle, der müsse gerecht seyn. Sie selbst aber gäben sich zur Ausführung ungerechter Thaten hin, sobald sie ihnen vom Theurgen befohlen würde!? – Das ist ein Widerspruch, der mich verwirrt. (Porphyr[1]).

In welchem Falle kann eine gefährliche Täuschung bei den Götter- und Dämonenerscheinungen statt finden?

Wenn etwas in der theurgischen Kunst versehen worden, und anstatt der verlangten wahren Erscheinungen andere zum Vorschein kommen. In diesem Fall nehmen die unteren und unvollkommenen Geister leicht die Gestalt der höheren an. So entstehn oft eine Menge großer und gefählicher Irthümer beim Geistercitiren. Wer solchen falschen Erscheinungen traut, wird in Irthümer und Täuschungen gestürzt, und von der wahren Erkenntniß Gottes abgeführt. Denn warum erscheinen sie? Etwan um denen, die sie citiren, einen Vortheil zu gewahren? Nein, um sie zu hintergehn und ihnen zu schaden! Denn aus der Lüge kann kein Nutzen erwartet werden. Die göttliche Natur als die ewige Quelle des

---

[1] In dem im vorher geh. Aufsatz angef. Briefe. So waren selbst diese Menschen in nüchternen Augenblicken größer als ihr System, urtheilten verständig, und machten auf die möglichen nachtheiligen Folgen ihrer Schwärmereien aufmerksam.

Seyns und der Wahrheit, läßt in kein anderes Objekt ein täuschendes Bild von sich selbst übergehen. (Jamblich[2]).

Das höchste Gebot in der Geistkunst – Theurgie – ist, daß einer wisse, was er von den Geistern zu seinem Gebrauche sich erbitten und annehmen, oder nicht annehmen solle. Wie dann Midas ist das beste annenhero höriges Exempel, welcher, da er alle Dinge in Gold verwandeln wollte, zog er einen solchen Geist an sich, der solches zu thun vermochte. Dieser böse Geist aber betrog ihn dermaßen, daß wenn nicht die Barmherzigkeit Gottes seine Thorheit verbessert hätte, er hätte gewißlich Hungers sterben müssen. Wenn daher die Menschen das rechte Gebot der Geistkunst erwägeten, und die Geschichten des Midas und seines gleichen alte Historien nicht erdichtet Fabelwerk zu seyn glaubten: so würden sie vorsichtiglicher seyn in ihren Anmuthungen an die Geister, und also würden sie nicht von Ungeistern vexirt werden, dieweil sie durch Hülfe derselbigen zum güldenen Berge von Niedersten zu gelangen trachten. (Claviculae Salomonis[3])

Die wahre und göttliche Magie besteht vorzüglich im rechten wahren Gottesdienste, und lehret den Schöpfer und das Geschöpf kennen; unterweiset uns in hohen göttlichen, dem Naturmenschen unbegreiflichen Geheimnissen, sagt uns zukünftige Dinge vor, eröffnet uns den Umgang mit dem mundo intelligiarum oder den Engeln und Geistern; lehrt uns Wunderdinge thun; schließt uns das Herz der Natur auf, und gibt uns einen Vorgeschmack von der zukünftigen ewigen Freude und Herrlichkeit.

Die abergläubische Magie aber hat gar nichts mit der Magia vera gemein, als die göttlichen Namen, welche sie schändlich mißbraucht, und sollte eigentlich Magia gar nicht genannt werden, weil sie voll Aber-

---

[2] De Mysteriis Aegypt. II.c. 10.

[3] So drückt sich also selbst diese Magie und Theurgie vertheidigende Schrift aus, und macht auf die Gefahren theurgischer Zünfte aufmerksam.

glaubens, und Hülfleistung abgefallener oder täuschender Geister ist. Denn wehe dem Menschen, dessen Seele sich von dem wahren Geist der Magie abkehrt, und zu den Elementen wendet. Wer da weiß, daß die bösen Geister sich auch in Engel des Lichts verwandeln können, der wird sich alles Vorwitzes entschlagen und nichts versuchen, als was zur Verherrlichung des großen Namens Gottes dienet. (v. Eckartshausen, aus einem morgenländischen Manuskript.)

Der menschliche Geist hat freilich einen Hang zur Erforschung des U-ebersinnlichen, weil ihm das Endliche nicht genügen kann. Aber darum ist die Aussicht über die Sinnenwelt hinaus noch keine Einsicht in die Geisterwelt, und nur ein berauschtes Gemüth kann sich einbilden, au-ßerhalb der Grenzen des Erkennbaren noch ein höheres Wissen zu fin-den. Will aber dennoch der menschliche Verstand in das Gebiet des U-ebersinnlichen eindringen, so bleibt ihm nichts anders übrig, als Begrif-fe in wirkliche Wesen zu verwandeln, und Anschauungen mit dem An-geschauten zu identificiren. Es entsteht hieraus alsdenn eine schwärme-rische, oder der Alexandrinischen ähnliche theurgische Philosophie, und die Vernunft erleidet völligen Schiffbruch (Tennemann).

Wir bezweifeln es keinen Augenblick, daß die verschiedenen Classen unserer Leser in dem nachfolgenden Manuscript Alles an seine rechte Stelle setzen, und die Vernunft bei Lesung desselben um so höher schätzen werden, je mehr man ihres Lichtes, das allein vor Schwärmerei und Aberglaube zu bewahren vermag, in den labyrinthischen Räumen der Magie und Theurgie bedarf, um sich darin mit Sicherheit zurecht zu finden, und dem Geiste Freiheit und Unabhängigkeit zu bewahren.

Und nun nur noch ein Paar Worte in historischer Hinsicht über unsere Pneumatologia occulta!

Zweiter Abschnitt.

I.

Der Name «Salamankische» Pneumatologia occulta könnte ominös scheinen, indem wir gerade von – der Universität Salamanka aus keine besondere Aufschlüße weder über das Geisterreich, noch über irgend einen anderen Zweig des menschlichen Wissens erwarten. Der Vorredner des Manuskripts erklärt ihn aber ganz einfach dahin, daß zu Salamanka zu seiner Zeit die Pneumatologia occulta öffentlich sey gelehrt worden. Hiebei muß ich bemerken, daß auch auf protestantischen Universitäten noch in der ersten Hälfte des verwichenen Jahrhunderts die Pneumatologia occulta gelesen wurde, namentlich zu Halle, wo sie mein verewigter Vater, (bei welchem Professor erinnere ich mich nicht mehr) in den dreißiger Jahren selbst gehört hat, wie mir aus dessen Erzählung noch erinnerlich ist.

Sonst könnte man etwan auch an die sogenannte Teufels-Schule oder das Teufels-Collegium denken, ein Universitätsgebäude zu Salamanka, das diesen Namen führt. Dieses Teufelscollegiums wird in I. A. Ballenstedt's Versuch über einige Merkwürdigkeiten der Braunschweigischen Länder (1771.) gedacht. Dieser Gelehrte zählt nämlich zum Beweise, wie viel unsere guten Vorfahren sich mit dem Teufel zu schaffen gemacht haben, gelegentlich eine erstaunliche Menge von Namen im Braunschweigischen auf, welche mit seiner höllischen Majestät zusammen gesetzt sind, z. B. das Teufelsbald, der Teufelssprung etc., wo denn gelegentlich auch der Teufelsschule zu Salamanka erwähnt wird. Professor Fischer in seinen fliegenden Blättern St. III. S. 364. glaubt, daß dieß Gebäude vielleicht davon seinen Namen erhalten habe, weil das Verbrennen des vermeynten Teufels- und Hexengeschmeisses, wie man sich ausdrückte, darin gelehrt und gelernt worden sey, indem bekanntlich nirgends so viele Hexen verbrannt seyen worden, als in Spanien.

Es läßt sich aber noch ein anderer, näher liegender Grund von dem, für ein öffentliches Schulgebäude auffallenden Namen, wenigstens muthmaßlich anführen, der zu lustig und unterhaltend ist, als daß wir ihn unseren Lesern nicht in dieser Einleitung mittheilen sollten. Und vielleicht hängt, die Sache wirklich mit dem Signalement unseres Manuskripts auf Salamanka historisch zusammen. Hier ist die abentheuerliche, für die Zaubergeschichte so charackteristische Erzählung, daß sie schon bloß deswegen verdient, angeführt zu werden!

II.

»Als vor langen Jahren der Teufel einstmals in sichtbarer Gestalt als Magister oder Privat-Docent auf der hohen Schule zu Salamanka in Spanien, in einem unterirdischen Gewölbe eines dortigen Universitätsgebäudes öffentlich die schwarze Kunst lehrete, bedung er sich beim Schlüsse seiner Vorlesungen anstatt des Honorariums unverhofterweise die Seele des durchs Loos zuletzt aus dem Collegium tretenden Zuhörers aus. Die unglückliche Nummer traf einen jungen Grafen von Almeida. Es gelang diesem beherzten jungen Mann jedoch durch eine sonderbare List, den Klauen des Bösewichts glücklich zu entrinnen. Der furchtbare Meister und Oberste aller Schwarzkünstler lauerte an der Thür oben an der Treppe auf seinen, ihm schon gewissen Raub. Der Graf, der da wußte, daß der Teufel ein Mann von Wort, ja ein rechter Sclave seines Worts sey, hatte sich mittlerweile eine List ersonnen, und schritt im Vertrauen auf deren guten Erfolg seinem Schicksal getrost entgegen. Auf der obersten Stufe der Treppe brüllte ihn der Mordgeist mit erschrecklicher Stimme an: Halt! Gesell, daß ich dir das Genick breche! – Es war gerade in der Mittagsstunde, da der Haufe der sauberen Studenten aus einander ging, und die Sonne stand dem Eingang des Gebäudes gerade gegen über. „Was willst du? antwortete der Graf ganz ruhig, ich bin nicht der Letzte, halte dich an den, der mir folgt," und zeigete dabei mit der Hand auf seinen eigenen Schatten. Augenblicklich

verschwand der Satan, und ließ den verschmitzten Studenten frei aus-
gehn. Der Körper des Grafen aber warf von diesem Augenblick an im
Sonnenschein nie wieder einen Schatten von sich, zum augenscheinli-
chen Beweise, daß der Teufel denselben wirklich mit sich zur Hölle genommen haben müsse.« (Musäus Strausfedern B. I. Num. IV. S. 197. f.)

Und nun sofort zu unserem Manuscripte, das wir, wie wir schließlich
nur noch bemerken, mit Hinweglaßung einiger unwesentlicher, oder
auch vielleicht mit allzu großer Rücksichtlichkeit von uns aufgefaßter
Stellen, mit seiner Orthographie, Interpunktion etc. ohne wesentliche
Veränderungen gerade so geben, wie es vor uns liegt[4].

---

[4] Vorwort nebst Anmerkungen aus Horst Zauber-Bibliothek, Theil I, 1821.

Pneumatologia Occulta
et vera.

In Nomine ter Sancti Seph.

An den geneigten Leser.

Es ist unläugbar, daß zu Salamanka in Spanien[5] vor ungefähr 180. Jahren die verborgene Geister Lehre, noch in Geheim vorgetragen worden, da es vorher öffentlich geschehen, wie ich dann selbst ein und anderes Manuscript in gewißen Bibliotheken zu Gesichte bekommen, und darinn besondere Weisen gefunden, wie die gute Geister mögen beybehalten, die Schädliche aber auß Göttlicher Zulaßung abgetrieben werden.

Gleichwie nun dieses der Grund-Satz gegenwärtiger Abhandlung ist; also beruhet der gantze Beweis auf der eintzigen Religion, und alle diejenige Wunder, so in dem Tempel zu Jerusalem geschehen, sind auß diesem Grunde herzuleiten, wann wir nicht das gantze Heilige Bibel-Buch verdrehen wollen.

Es kan aber keine Außübung der Religion statt finden, wenn nicht ein guter Dæmon dabey mitwürket.

---

[5] Man muß dabei bedenken, daß Spanien im Mittelalter überhaupt als ein rechtes Zauberland verrufen war, wozu der Aufenthalt der Saracenen darin Vieles beitrug, die man des Manichäismus und Teufelsdiensts beschuldigte. So kommt z. B. auch in dem treflichen alten Volksbuch: Von Fortunato und seinem Seckel auch Wünschelhüthlein. Gantz kurzweylig zu leßen etc. Augspurg, 1530, wovon Görres (teutsche Volksb. 74.) dargerthan hat, daß es aus dem Spanischen übersetzt ist, folgende, für unsere Vermuthung intereßante Stelle vor: „Fortunatus sprach: lebet der Maister annoch, der es gemachet? Der Kunig sprach, das waiß ich nicht, es was (war) eyner von Sparga (Spanien) auß der Stadt Alamanelia, dadann noch ist die hoche Schul von der hochen Kunst der Nigromantia, undt gelert wirt, da was ein hocher wolgelerter Doctor der Nigromantia." Vergl. Fortunatus etc. Aus dem Engl, von F. W. V. Schmidt (Berlin, 1819.) S. 212.

Ob aber gleich ein solcher guter Geist auf unterschiedene Art zu uns mag gezogen werden; so sind wir irdische Menschen dennoch unvermögend denselben zu binden.

Denn je besser und reiner ein solches Wesen ist, je näher kommt es dem Wesen deß Schöpfers, welcher unumschranklich ist.

Dennoch aber ist es nicht unmöglich, solche Geister durch gewiße Beschwörungen anzureitzen, daß sie sich zu uns näheren.

Dieses hat das alte Heydenthum, welches so wol in der wahren Weltweisheit, alß in der Erkänntniß deß Schöpfers und der Natur nicht unerfahren war, nur zu wol eingesehen.

Nur ein und anderes Exempel anzuführen, so lesen wir bey dem Apulejo, wie er dergleichen Geister durch das Gestirn deß Himmels, durch die Unter-Geister, durch alle natürliche Elemente, durch das nächtliche Stillschweigen, durch den Zuwachs des Nil-Strohms, durch die Memphische Geheimniße und dergleichen an sich ziehen wollen.

Und bey dem Porphyrio, stehen die Worte Du, der du auß dem Staube herauß geholet bist, der du sitzest an deinem Orth, und durchschiffest die See, der du alle Stunden die Gestalt veränderest, und durch den gantzen Thier Creyß dich verwandelst u. s. w.

Durch dergleichen Beschwörungen, welche nichts anders alß Zeichen der verborgenen Eigenschaften sind, haben die Alten in der That befunden, daß solche Geister sich zum Dienst der Menschen gestellet, nicht zwar durch einen Zwang, sondern freywillig, weil es freye Geschöpfe sind, welche mit freyen und reinen Menschen gerne umgehen.

Die meiste Ursache deßen ist die Gemeinschaft der Gottheit wovon das menschliche Gemüthe ein Theilgen besitzet, daher diese Geister ihre Kräfte und Eigenschaften unß freywillig mittheilen.

Auß dieser Quelle fließen alle Erleuchtungen, Prophezeihungen, gute Träume Wunderwerke und dergleichen, indem diese gute Geister, weil wir Ihnen nach dem eingeflößten unsterblichen Geist am Wesen gleich sind, in und mit Uns würken, im Gegentheil müßen die bößen Geister durch Beyhülfe dieser guten von uns abgetrieben werden, welches nicht geschehen kan wenn der Mensch sich nicht in seinem Wandel mit den guten Geistern zu vereinigen trachtet.

Gleichwie also die Beschwöhrungen so ein Exorcist vornimmt, z. E. durch die Göttliche Kräfte, durch die Heilige Nahmen oder übernatürlichen Eigenschaften, durch die Heiligste Geheimnüße und Sacramenten, ein irdisch gesinntes Hertz zittern machen, also mögen die von Gott abtrünnige Geister davor eben so wenig bestehen. Deßwegen saget Cyprianus in Libro: Quod idola Dii non sint[6]: daß dergleichen Geister, wenn sie durch den wahren Gott beschwohren werden, selbst bekennen, daß sie weichen von den beseßenen Cörpern, alsofort abgehen, und entweder gleich außfahren müßen, oder nach und nach in solchen Cörpern ihre Macht verliehren, nachdem der Glaube der Beseßenen beschaffen ist, oder der Beschwöhrer durch die Gnade Gottes mehr Kräfte besitzet.

Und Athanasius in dem Buche de Variis Quaest: Schreibet, es wäre solchen unreinen Geistern kein Wort erschröcklicher, und welches ihre Kräfte mehr schwächet, alß der Anfang deß 68. Psalmen. Es stehe Gott auf, daß seine Feinde vor ihm zerstreuet, und die ihn haßen flüchtig werden: maßen so bald diese Worte außgesprochen worden, der Teufel von dannen weichen müßte.

Auch meldet Origines Contra Celsum, daß durch Nennung deß Nahmens Jesus, wie die Erfahrung bezeuge, unzählige Teufel von dem menschlichen Cörper außgetrieben worden.

Weil man aber diesen Meynungen eines und deß anderen Kirchen-Vatters nicht beystimmen möchte; so will ich zu mehreren Beweiß auch einige Heyden anführen, welche auß der Erfahrung gewußt, daß die

---

[6] Die Idole sind keine Götter (Anm. C. E.).

Kraft der Wörter, wieder die unreine Geister eine große Würckung habe.

Jene Zauberin beym Lucano saget:

--- jam vos ego nomine vero eliciam, Stygiosque canes in luce superna destituam per busta sequar, per funera Custos Expellam tumulis, abigam vos omnibus Vrnis, te que Deis, ad quos alio procedere Vultu, Ficta Soles, Hecate, pallenti tabula forma ostendam faciemque Erebi mutare vetabo.

d. i.

Ich werde euch in dem wahren Nahmen hervor ziehen. daß ihr Höllenhunde in dem obern Licht keine Gewalt mehr habet; ich werde euch durch die Gräber verfolgen, und alß eine Beschützerin der Leichen von selbigen und von allen Todten Töpfen verjagen, und du Hecate, die du dich mit verstelltem Gesicht zu den Göttern wendest, dich will ich ihnen in deiner blaßen Gestalt darstellen und verhinderen, daß du dein höllisches Angesicht nicht mehr verwandten könnest.

Ein anderes Zeugnüß finde ich beym Philostrato, welcher das Exempel deß Apollonij und seiner Gefährten mit welchen er bey hellem Mondschein über Land reisete anführet.

Diesen begegnete ein Gespenst, welches ohne Unterlaß seine Gestalt veränderte, und dieser Augen bethörete.

So bald Apollonius selbiges zu Gesicht bekam, redete er es mit harden Droh-Worten an, er munterte auch seine Reisegefährten solches zu thun. Worauf das Gespenst vor ihren Augen verschwunden.

Denn diese Art Geister ist sehr furchtsam, wenn der Mensch sich der Ihme mitgetheilten Göttlichen Eigenschafften wieder selbige recht zu brauchen weiß.

Damit ich aber in meiner Rede nicht zu weit außschweiffen, sondern dem Leser ein Genüge leisten möge, so muß man wissen, waß die wahre

Güldene Kette deß Homeri sey, nehmlich der Zusammenhang aller Geschöpfe von welchem auch die Bänder solcher unreinen Geister müßen hergeholet werden.

Diese sind von dreyerley Gattung; eine derselben wird auß der Elementarischen Welt genommen, wenn wir einen Geist durch Sachen die unter unß sind, deren Kräfte er kennet, und welche ihm angenehm oder zu wieder sind, beschworen, und ihn entweder zu unß locken, oder von unß Treiben wollen.

Dieses geschiehet durch die gantze Egyptische Weißheit und alle ihre Hieroglyphische Zeichen, durch Blüthen, durch Blumen, durch Kräuter durch Thiere, durch die Elemente, und dergleichen. (wie dann in der Römischen Kirche annoch gebräuchlich ist, daß bey der Einweyhung deß Tauff Wassers, am Abend der Heil. 3. Könige, bey der Weyhung der Osterkertzen und sonst, besondere Nahmen in ihrer Weyhung angewendet werden.) Der Grund lieget in der Antipathie und Sympathie der Geister mit der Signatur solcher angezogenen Dinge, mit welcher sie entweder eine Gemeinschaft haben, oder einen Abscheu davor hegen.

Das andere Band wird auß dem Firmament hergenommen, wenn wir die Geister durch den Himmel, durch das Gestirn, durch deren Bewegung, Strahlen, Licht, Klarheit, Macht, Einflüße u. s. w. beschwöhren.

Dieses Band würcket in solchen Geistern nach Art einer Ermahnung, oder auch zum öftern auf die Weise eines Befehls an solche Dienstgeister, welche von der untersten Sorte sind.

Das dritte Band als das stärckste, wird von Gott und auß Gott hergeholet, und kan allein durch die wahre Religion vollzogen werden.

Hier beschwöhren wir die Geister durch den Göttlichen Nahmen selbst, durch die Göttliche Kräfte, durch die Siegel und Geheimnüße der Religion, durch die Sacramenten und was dazu gehöret.

Dieses Band ziehet einen eigentlichen Befehl nach sich, und ist eben dasjenige welches die Heiligste Cabbala, und das reine Rabbinische Schemhamphoras in sich faßet, durch welche beyde Moses nebst anderen Propheten alle der Vernunft unbegreifliche Dinge außgeübt haben.

Hierbey aber ist wol zu merken, daß gleichwie eine allgemeine und eine besondere Vorsehung ist, also auch unter dem allgemeinen Welt-Geist besondere Geister und Kräfte stehen.

Daher bedienen sich dergleichen Beschwöhrer anfänglich der obersten Bänder, durch deren Nahmen und Anrufung der Kräfte, welche alles das, was unter ihnen ist, beherrschen; solchergestalt werden durch diese Bänder, nicht allein die Geister selbst, sondern auch die übrigen Geschöpfe und Würkungen der Natur welche ihnen unterworfen sind, z. E. Gewitter, Feuers-Brünste, Wolcken-Brüche, Ueberschwimmungen, Pestilentz, Kranckheiten, Gewalt der Wafen, Schaden von Thieren u. s. w. gehemmet, wann wir uns solcher Göttlicher Mittel entweder als einer Beschwöhrung, oder alß eines Seegens bedienen. Dieses geschiehet unter anderem bey der Beschwöhrung der Schlangen, da man nebst dem Göttlichen Nahmen und allen Natürlichen Kräften, auch die Geheimnüße der Religion mit einmischet, zum Exempel, den Fluch der Schlange in dem irdischen Paradies, die Aufrichtung der Schlange in der Wüsten und die Worte auß dem 91. Palm auf Löwen und Ottern wirst du gehen und tretten auf die jungen Löwen und Drachen.

Es ist übrigens gewiß, daß wir durch diese wahre Göttliche Weißheit, alle diejenige Wunder, so unsere Vorfahren im wahren Glauben verrichtet, in der Natur außüben können.

Ist auch zu bewundern, daß die Geistlichen unserer Kirche, in welcher doch der wahre Glaube seyn solle, sich nicht dieser geistlichen Zauber-Ruthe bedienen, um einen Versuch zu thun ob die Geister dienstbar seyn, und das übrige Wesen der Natur zum Gehorsam gegen Sie bequemen werde?

Uebrigens erkennet man hierauß, daß die Geister nebst dem Göttlichen auch durch Natürliche Mittel mögen vertrieben werden.

David würde sich seiner Harfe wieder die Gewalt deß bösen Geistes nicht mit Nutzen bedienet haben, wenn er nicht dabey diese Ordnung beobachtet hätte, daß er anfänglich alß ein Mann nach dem Hertzen Gottes den Nahmen deß Höchsten angerufen, dieses that er ja, da er den Riesen Goliath erlegen wolle und sprach:

Der Herr, der mich von dem Löwen und Bären errettet, wird mich auch erretten von diesem Philister.

Hierauf trat er zu ihm, nicht nach den Kräften seiner Natur sondern durch die Kraft seiner Göttlichen Magie, im Nahmen deß Herren Zebaoth, deß Gottes deß Zeuges Israel; in welchem Nahmen er auch diesen seinen gefährlichen Wiedersacher gefället etc.

Ende der Vorrede an den geneigten Leser.

Gebett.

Herr, Heiliger und Warhaftiger Gott Zebaoth! Wie Heilig, Heilig ist mir die Klarheit deines wunderbahren Nahmens! Wie glorwürdigst und anzubetend, wie majestätisch und herrlich, ist mir dein Hochheiliger Gottes-Nahm in meiner Seelen! Der Nahme Jehovah, in welchem die Heilige Dreyheit sich befindet und ihren Trohn-Sitz darinnen hat, ist mir wegen seiner Heiligkeit allzu majestätisch meine Seele erzittert vor demselben, wann dieser Heilige Nahme vor ihren Ohren erschallet! Sie muß rufen mit den Cherubinen und Seraphinen, welche ihre Antlitze bedecken und verbergen vor der Heiligkeit dieses wunderbahren Nahmens: Heilig! Heilig! Heilig! ist der Nahme deß Herrn Zebaoth, der Nahme Jesus Jehova! O daß meine Seele könte und möchte zerfließen in dem Lob dieses heiligen, heiligen heiligen hochgebenedeyeten Gottes-Nahmens! Heilig! Heilig! Heilig ist mir der hochgebenedeyte und höchstgeliebte Jesus Nahme! Er ist mir der Geruch deß Lebens zum Leben! ich finde in ihme eine offene Thüre, da ich durch eingehen kan, in das Hertz deß Ewigen lieb-vollen Vatters der heilige Balsamgeruch dieses Nahmens erquicket und durchdringet mir alle meine Glieder! Er durchgehet mir als ein Balsam alle meine Gelencke und alle meine A-dern! Er ist mein Schatz, ich habe mir denselben außerkohren, ich will ihn zu eigen mir behalten, und als einen Haubtschmuck, und als einen Crantz mir um mein Haubt binden. Es soll dieser Heilige Jesus Nahme mir eine sichere Schutzwehre und eine veste Burg seyn, dahin ich zu allen Zeiten vor meinen Feinden fliehen möge, daß mich meine Wieder-sacher nicht erhaschen: Daß die Machten meine Seele nicht berühren können noch mögen! Wenn sich dieser Heilige Nahme der Heiligen Dreyheit in mir offenbahret, so ist alles Lichte: Der Glantz der vätterli-chen Liebe, und das wesentliche Licht deß Worts und die reine Flamme deß Geistes mit seinem siebenfachen Kraft-Licht, offenbahret sich alß-dann zugleich in meiner innersten Kammer; und es blaset auß der Vat-ter der Liebe, wenn Er diesen seinen hold-seeligen holden Nahmen in mir offenbahret, seinen wahrhaftigen Frieden. Meine Seele ist in stoltzer Ruhe, mein Geist ist vergnüget, mein Hertze verlanget nichts anders, wenn es in dieser Beste, in diesem heiligen Wunder-Nahmen deß Herrn meines Gottes umschloßen und eingetaucht Sich befindet.

O du wunderbahrer, Hertz-Seel und Geist-erquickender lieblicher Nahme! daß du doch allen deinen Kindern, und allen denen, die wahrhaftig verlangen auß deinem väterlichen Hertzen neu-gebohren zu werden dich also offenbahren möchtest! Dann wann ich dich du wesentlicher Kraft-Nahme habe, so gebricht mir nichts: ich darf mich getrost auf diesen Heiligen Nahmen verlaßen, und mich nicht förchten, wenn gleich Tausend sich zu meiner Seiten, und zehen Tausend sich zu meiner Linken lagerten, um mich zu bestürmen.

Es ist dieser Nahme ein Panier über meinem Haubte, ein Schirm über meiner rechten Hand und ein Dach vor die Hitze der Trübsaal und der Anfechtung. Er ist mir eine sichere Zuflucht wenn mein Schiffgen in den Wasser-Wogen von den Wellen schier bedecket wird, daß es nicht zu Grunde gehet.

Er ist mein lebendiger Ancker, mein Ewig grünender und blühender Felß, der mir nicht weicht noch wanket,: auf Ihn setze ich meine Zuflucht. Er ist der Felß meiner Ehre, auf ihn hoffe ich und mir wird geholffen.

Er ist mein Trost in Betrübniß; es soll dieser Nahme mein Regirer und Beherrscher seyn; ich will nichts ausser diesem Nahmen; ich verlange keine andere Seeligkeit; alß allein den Nahmen deß Herrn Zebaoth, deß mächtigen Jehova! Wann ich diesen Heiligen Nahmen, den Nahmen Jesu, habe und besitze, so habe ich alles ja wenn ich auch sonst gleich keine Güter auf der gantzen Erden, keine Gaben, keine geistliche Schätze habe; dann dieser Nahme ist mir über alles! ich habe mich in ihn verliebet; Er soll seyn der Bräutigam meiner Seelen, der Artzt meines verwundeten Hertzens; Er ist mein Hort und mein Beschirmer; Er ist mein Erlöser, und mein starcker David: Er ist mein Held im Streit,

Er ist mein mächtiger Siegesfürst: Er überwindet den Todt steths in mir; Er führet mich zum stethen sterben, und in ihm bringet Er mich auch immer weiter fort zu einem heiligen neuen Leben. Wann ich diesen lebendigen Nahmen lebendig in meiner Seelen und auf meiner Stirne geschrieben habe, so kan mir nichts geschehen: Es kan mir nichts gebrechen, ich kan nichts verlieren. Mangele und gebreche ich aber dieses heiligen Nahmens, was habe ich dann, wann ich auch alle Güter der gantzen Welt hätte? Wann ich auch alle Gnaden Geschenke und alle geistliche Gaben vermöchte und besäße? Ohne diesen heiligen Nahmen, der mir ein ewiger heylbringender Nahme ist, kan ich nicht leben.

Dir, Dir, dem dreymal heiligen heiligen, heiligen Wesen, gebühret Ehre der Anbetung! Dir Dir gebühret Preiß, Macht, Pracht, Kraft und Ehre, Majestät, Sieg, und Ueberwindung! Deinem ewigen vätterlichen Hertzen das voller Erbarmung ist gebührt alle brünstige Liebe von deinen Geschöpfen! Deinem glorwürdigsten heiligen Nahmen, der allein Wunder thut, gebühret Ehre und Anbetung ewiglich! Deinem Majestätischen herrlichen Reich, und dir, dem Beherrscher deßelben, gebühret fußfällige – Verehrung, deinem hochheiligen ewigen Liebes-Willen gebühret unrerthänigster und willigster Liebes-Gehorsam! Deinem ewigen, lebendigen, vätterlichen mit Liebe außfließenden Hertzen, das sich als ein Kraft-Brodt dargegeben hat, seinen erkauften zu gut, gebühret eine gäntzliche Aufopferung und Widmung aller innern und äußeren Kräften deß gantzen Willens- und Begehrungs-Geistes! und deiner sich aller ihrer Wercke erbarmenden Liebe, deinen thränenden Augen gebühret unendlich demüthiger Danck! und deiner ewigen Weisheit, die dein Volk auß allen Netzen herauß ziehen kan, gebühret Glorie! und deiner das End bringenden Erlösungs-Kraft gebühret aller Ruhm! Du allmächtiger und allgewaltiger Gott Zebaoth! Du unüberwindlichster, großmächtigster Monarch! Du End-Ursach aller geschaffenen Dinge! Du unerschöpfter Ursprung und Quelle, in den wiederum dermaleinsten, alles Geschöpfe einfließen muß: Nim hin ein armes Leben und Lallen eines schwachen Thons, welchen du in dieser Stunde hast mir dem Odem auß deinem Heiligthum angeblasen! Gelobet seyst du, o Vater! vor deine Offenbahrung deiner vätterlichen Liebe, daß nun dein Volck einen freudigen Zugang durch Jesum Christum in dein vätterliches Hertze hat! Gelobet seyst du, o Herrscher! von wegen der Offenbahrung deines dreimal-heiligen Wunder-Nahmens, welcher heisset Herr Zebaoth: daß nun eine Seele, die von dem Raub-Vogel angefochten wird, in diesem Nahmen eine ewige Zuflucht finden kan! Gelobet seyst du Held im Streit, vor deine gnädige Offenbahrung deß ewigen Erbes das du deinen Kindern verheißen hast, und sie zu Besitzern deßelben erwählet: daß sie nun wiederum, nach dem sie von dem Versucher gantz nackend und bloß gemacht worden sind, auß deinem ewigen Reich und deßen Gnadenfülle, können nehmen Gnade um Gnade! Gelobet seyst du, o mächtiger Befehls-Haber, vor deine gnädige Eröffnung deines liebes Ratschlußes, daß wir Dich erkennen können wie Du bist, und waß deine Hand von uns fordert: daß wir deinem Ebenbilde also wiederum ähnlich werden, und in deine ewige stille Gelassenheit einverleibet werden können! Gelobet seyst Du vor deine wunderbahre Mittheilung deines kräftigen Worts, welches Du einem jeden ernstlich-hungernden Hertzen darreichest, und es in ihm außsprichst, das es Leben und volle Genüge haben kan! Gelobet und gebenedyet muße dein vätterliches Hertze seyn, von wegen deiner Freundlichkeit, daß Du deine Feinde Gnade finden läßest, und ihrer Mißethat, so Sie Sich zu Dir wenden, ferne von ihnen seyn läßest: das Sie nun einen offenen Born haben wieder alle Unreinigkeit[7] und also mit deiner Liebesquelle erfüllet, auch ihren Feinden vergeben können! Gelobet seyst Du vor deine Hochgebenedeyte Weisheit, durch welche Du dein armes Erbe also durch alle Proben und Versuchungen hindurch – und vorbey führen kanst daß sie nicht wiederum zu Grunde gehen, sondern unter deiner Hand, unter dem Schatten deines Paniers sicher wandlen können die schmale Bahn

---

[7] Jes. 12,3. Born steht für Brunnen, Quelle (Anm. C. E.).

zur Vollendung ihres Lauffs, zum Port und Kleinod, welches Du ihnen gestecket hast! Gelobet und angebetet, und verehret müße seyn deine ewige Kraft-Hand, welche nun bald das Ende aller Dinge herzukommen laßen wird! HalIelujah! Gloria sey Dir, o Gott! von Ewigkeit zu Ewigkeit! alles was lebet und webet lobe den Namen deß Herrn Herrn! alle Inseln thönen! alle Berge schallen! alle Wasserbronnen erheben sich! alle Thale erklingen! alle Ströhme, Bäche und Seen brausen zum Lobe deß Nahmens deß allgewaltigen Herrschers über Lande, der Sich nun auf seinen heiligen Stuhl gesetzet hat, sitzet, und setzen wird auf dem Erdboden!

Dann daselbsten wird er die Veste seines Stuhls tief gründen in den Hertzen seiner Lieblingen; und sie werden ihm einen Tag nach dem anderen, und einen Monath nach dem anderen opfern, heilige Opfer deß Lobes seines Nahmens als von ihme ewig erwählte und erkohrne Könige und Priester im heiligen Schmuck, es wird, o du Herrscher und Hertzog deß Lebens! deinem Namen ohne Ende psalliret werden; dann ihm gebührets! Es wird dein Gloria außgebreitet werden in weniger Zeit, von einem Ende deß Erdbodens biß zum anderen; alles, alles, alles wird deiner Herrlichkeit voll, voll, voll werden und bleiben dann du hast gedacht an dein Volk du hast dich aufgemachet es mit Heil und Gnade heimzusuchen Hallelujah! Singet ihm ihr Cherubim und Serphim! dann der Tag der Hochzeit deß Lammes ist vor der Thür, und seine Braut bereitet sich, und hat sich bereitet, ihrem Mann als eine geschmückte Jungfrau dargestellet zu werden, ohne Tadel und ohnbefleckt. Ja Herr! Heiliger! was wird dir nicht für ein Lob und für ein Jubel Schall aufsteigen, wann der Ruhe Sabath wird angebrochen seyn, von den unteren Chören! sie werden alle thönen vor Lob! der Wein deines Liebegeistes wird in ihnen brausen, und sie also trunken machen, daß sie ein Victoria! unser König lebet! nach dem andern außblasen; und sie werden mit diesem ihrem Könige, der sie so innig geliebet und zu seinem Ebenbild wird gebracht haben, Leben Herrschen und Regieren von einer Ewigkeit zur anderen. Hallelujah! rufe alle Creatur, dann euer Erretter kommt! Lobet ihn vor sein Heilig Wort, das er verheissen hat euch wiederum zu Clarificiren und Edel zu machen von euerer Irrdischheit und Grobheit! Lobet Ihn alle seine Heilige Engel, die ihr Tag und Nacht bereit seydt das Volck deß Herrn zu umlagern und zu bewahren und zu erhalten: die das Wort und den Willen Jehova allezeit fleißig außrichten! Lobet ihn alle ihr vollendete Erstlinge, oder die ihr schon zur Ruhe und Freude eures Herrn eingegangen seydt: dann auch eure mit euch Vereinigte noch streitende Gliederschaft wird voll jauchzens, und loben den Nahmen deß Herrn, der sich unter ihnen offenbahret mit Nachdruck und Herrlichkeit! Lobet Ihn alle ihr Heilige – Thron-Fürsten und Machten! Ihr Heilige Cherubinen und Serphinen stimmet ein Heilig, Heilig, Heilig nach dem andern an: um der großen durchdringenden Liebe und Freundlichkeit willen unßers Gottes laßets hernieder schallen, daß alles rege werde, und sich ermuntere und aufraffe den Nahmen deß Herrn zu Heiligen und ihm Ehre und Danck zu bringen. Lobe dich selbsten, o du Ewiger Liebwürdigster Jehova! in deiner heiligen unermeßlichen Stille! Lobe dich oben, da du deinen offenbahrlichen Heiligen Thronsitz hast in deinen Himmeln! Lobe dich hienieden in den Hertzen deiner Gläubigen und Außerwählten, mit Heiligem Jubel Schall! Lobe den Herrn meine Seele ewiglich! Lobe den Herrn Herrn du Statt Jerusalem! Lobet ihn alle Thore und alle Gründe und alle Edelsteine derselben: dann sein Schein durchkläret euch! und ô was Lobes! ô was Triumphirens, ô waß lieblichen Anschauen wird dir, ô du König der Heiligen! gegeben werden, wann du durch deine Macht das Reich unseres gesalbten Haubts deinem Christo wirst gantz unterthänig gemacht haben: daß alle Machten der Finsterniß ewig werden außgetilgt worden seyn durch deine Kraft-Hand: daß der Todt in dem Sieg verschlungen sey, und in sein nichtig und flüchtig Nichts wird eingegangen seyn! Was Lob wird dir dann erschallen und gebracht werden, wann alle Creaturen von allen gefallenen Geschöpfen, beyde die Menschen und Englische Seelen, und endlich der Haubt und

Erb-Feind deines Nahmens, sich wiederum werden vor deinem Schemel und vor dem Schemel Jesu Christi, deß ewigen Wiederbringers, beugen müßen: wann diese nun in der Finsterniß wütende, und ihre Herrschaft habende, und doch auch darinnen gequälte Geister durch das Zornfeuer deiner Gerechtigkeit werden gefaßet, und durch ihre Anforderung hindurch geführet worden seyn; daß wann also alle Macht unter den Fürsten deß gesalbten Königes wird gebracht seyn, er solche zusammt dem Reich, dir wiederum überantworten wird, und selbsten also gantz und gar unter deinem Ewigen Liebes-Gebott wiederum stehen, zusammt allen seinen Erstlingen und erkauften Lammes-Bräuten; was Lob, waß Danck wird in deinem Hei-ligthum, ja in deinem Allerheiligsten in dir selbsten. Dir und deiner Macht und Weisheit dargebracht werden! alles, alles wird zerfließen in deinem Lob! die Seele deines armen Staubes wird als wie ein Tröpflein in dem Ewigen Meer einfallen und zerwerden; das Füncklein deß reinen Geistes, daß du in die dir geheiligte Creaturen eingeblasen hast, wird wiederum in dich, du unaußlöschliches und unbegreiffliches Feuer! einfallen, und in dir ewig glühen. Dann wird dir, dem Vatter der Lichter, alle Herrlichkeit dargebracht werden uns worden seyn.

O Seelige Gemeinschaft! wie lange wirds noch wären, biß deine arme Turteltaube drein versetzt werden wird! Darum sey Dir hiemit alles Lob, das von Deiner armen schwachen mit Fleisch und Blut umgebenen sündhaften Erde kan gegeben werden, dargebracht in tiefster Demuth und in höchst verwundersamer Stille und Entlehrung ihrer Selbheit! und nun Du großer Gott Zebaoth! so es dann dir gefält so sprich zu dem Lallen daß du durch deinen Geist deine arme Erd-Würmer hervorzubringen hast angetrieben, und zu allem deinem Wort und Verheißung das Amen, wie deine Gemeinde im Glauben das Ja Wort ergreifft, und wie dermaleinsten das Amen wird, wann das große Werk der Wiederbringung wird vollendet seyn, überall schallend gehöret werden.

Sprich zur kräftigen Versiegelung deiner Verheißung und unseres Flehens, daß wir im Nahmen und auf Gebott unseres Herrn und Heylandes Jesu gethan haben.

Ja! Amen spricht der wahrhaftige Gott Zeabaoth: es soll geschehen, waß mein Volk bittet und gebetten hat und sage also nochmalen Amen! Amen!

Vorbereitende Sachen für einen vollkommenen Geisterkenner.

♄	Aratron, wird Saturn zugeeignete
♃	Bethor, dem Jupiter
♂	Phaleg, dem Marte
☉	Och, dem SoIi
♀	Hagith, der Venus
☿	Ophiel, dem Mercurio
☽	Phuel, der Luna.

Von den Geistern der 7. Planeten welche auch die Geister der Natur genennet werden, wäre zwar noch vieles anzumerken, welches aber geliebter Kürtze wegen übergehen und nur folgendes weniges davon melden will.

Ihre Nahmen sind Aratron, Bethor, Phaleg, Och, Hagith, Ophiel, und Phuel.

Einen von diesen, und zwar den Spiritum Mercurij, hat Albertus-Bajer, ein Mönch Carmeliter-Ordens, deß Closters Maria-Magdalena de Stella nova in Italien im Jahr 1568. d. 18ten Tag Februarij, welches war das Fest der Glorwürdigen und Hochgebenedeyten Jungfrau Maria nach Art eines Closter Exorcisten beschworen, um denselben wegen ein und andern Geheimnißen der Alchymie zu befragen.

Der Geist erschiene, und gab gedachtem Alberto auf die Frage, ob er ein guter oder böser Geist wäre, folgende Antwort.

Ich bin weder ein guter noch böser Engel, sondern einer auß der 7. Planeten Geister, die da beherrschen die Mittel-Natur, denen befohlen ist zu regiren die 4. unterschiedliche Theile der Welt, nehmlich die Firmamentalische, Animalische, Vegetabilische und Mineralische Theile, und unßer seynd 7. die durch unsre Geschiklichkeit alle irrdische Kräfte und Influenz deß Oberkrayßes in die unterste 3. Theile, durch die Ascendenten und Descendenten führen und darinnen würcken etc.

Von der Bekantschaft und Umgang mit diesen und dergleichen Art von Geistern, will ich noch diejenige geheime Meynung entdecken, welche ich auß dem Buche Sophnat Panaach, Rabbi Abraham Ben Moses Aaron gezogen habe.

Er schreibet aber also:

Es ist bekant, das Jehova, der Herr alles Himmels-Heeres die unsichtbaren Geister erschaffen hat, welche in der Höhe sind, doch so, daß sie auch auf Erden und bey den Menschen seyn können. Eben diese Geister bewegen die Gestirne, sonderlich die Planeten, das sie alle Witterung in der Lufft würcken, und zu der Geburth aller Mineralischen, Vegetabilischen und Animalischen Essentien ihre Kräfte gaben.

Wie nun die Seele in dem Menschen den gantzen Leib mit allen Gliedern in festem Grunde erhält; also dependiret die Kraft der Mineralien, Vegetabilischen und Animalien von den Geistern. Daher wann man die Natur der Geister erkundigen will, muß man zuförderst dahin trachten, daß man mit solchen Himmlischen Intelligentien im geheime Kundschaft komme.

Hier aber mus man vor allen Dingen wißen, daß zweyerley Geister sind. Gute und Böse; die guten haben Michael zum Fürsten, die bösen stehen dem Leviathan zu Gebott: Die guten sind es, um deren Kundschaft man solle bemühet seyn; denn sie lehren die Geheimnüße ohne

Betrug zur Ehre Jehova, und zum Nutz der reinen Menschen; hingegen die bösen kommen gar selten vor Gott, wandern die gantze Welt durch, und richten unzähligen Schaden an; deren soll man sich durchauß enthalten, denn man hat nichts als Betrug von ihnen zu gewarten:

Und ob sie gleich denen Sterblichen etwas von einem und dem andern Geheimniße kund thun; so ist es doch nur Stück-Werck, und wieder Gottes Gebott, auch zu lauter Betrug und Schaden gerichtet.

Wer nun den rechten Zweck erlangen will, der mache Gemeinschaft mit den guten Geistern, so werden sie sich nicht nur so vielmal der Sterbliche sie zur Ehre Gottes erfordert, offenbahren, sondern auch die verborgensten Dinge ihm kund thun auch allerdings dem Leviathan, mit seinen Geistern die Macht nehmen, das sie keinen Schatz in ihrem Besitz behalten mögen.

Wie aber die guten Geister ein Göttliches Leben führen, vor Gott wandlen, schlecht, recht, und ohne falsch sind, Heilig, Keusch und demüthig sich aufführen; also mus derjenige, der in die Gemeinschaft mit diesen Geistern tretten will, ein Göttliches Leben führen, wie unser Henoch, das Böse meyden, wie Hiob, der Fürst von Uz, vor Gott wandlen, wie unsere Väter, Abraham und Isaac, keusch und Heilig seyn, wie Sophnat Panaach jederzeit beflißen gewesen.

Darnach solt du wissen, Sterblicher, daß ein jeder Geist seinen besonderen Planeten habe, durch welchen er wircket, und eben auch diejenigen Gestirn an dem Zodiaco, welche ihre Natur mit den Planeten gemein haben, derowegen, wenn du nun etwas in Geheimnüßen der Natur würcken wilst, so must du sehen, welcher Planet hierüber sonderlich sein Dominum habe, eben deßelben Geistes, der den Planeten regiert, muß du dich bedienen.

Jetzt will ich dich erst lehren, wie du solcher Geister Offenbahrung kanst theilhaftig werden. Nemlich du must solche Eigenschaften wie ich dir gesagt habe, besitzen, und nichts suchen, als was zum Ruhm Jehova und der Sterblichen Ersprießlichkeit gereichen kan.

Eure Würckung muß alleine seyn, daß ihr euch öfters auf Gebürgen heimlich allein besprechet; das Besprechen aber bestehet im Verlangen, welches die Würckung deß Gemüths ist; denn mit leiblicher Zunge könnet ihr euch mit den Geistern nicht besprechen. Darum mus einer nur Gespräche im Gemüthe haben, mit Verlangen und menschlichen innerlichen Bitten, alles deßjenigen, was ihr begehret, so wird es geschehen. Denn es wird sich der Geist bald mit euren Gedancken vereinigen, und euch in dem, was ihr verlanget, unterrichten. Dannenhero ihr wol auf die Abwechßlung euerer Gedancken und auf die Träume, die ihr in euerer Extasi gewahr werdet, Achtung geben müßet. Denn so vielmal die Geister euer Verlangen wollen erfüllet wissen, so geben sie ein Gethöne, gleich einer ehernen Schelle von sich: derowegen du auch ein gewißes Glöcklein bey Händen haben must, damit du, so bald du deß Geistes Gethöne hörest, mit deinem Glöcklein mögest die Losung geben, daß du zu hören bereit seyest. Hiernächst wird dich also bald die Extasis überfallen, in welcher dir alles wird vorkommen was du wachend begehret hast, es seyn Schätze, Weißheit, Gesundheit, und andere Güter welche du für dich oder Andere verlangest, und wirst sie auch gewiß, wenn du aufwachest, auf die Art und Weise, wie dich der Geist gelehret, finden. Nur must du alles zum Preiß Jehova vor nehmen, etc.

Er fähret weiter fort; aber ein anderer mir bekanter Geist saget mir ins Ohr, nicht weiter zu reden. etc. etc.

Ich werde also vor diesesmal von der Bereitung eines solchen magischen Glöckleins stille schweigen, und seine Verfertigung biß zur andern Zeit im Sinn behalten, solte aber mein getreuer Nachfolger das Arcanum auch besitzen, so trage es wann es zu gehöriger Zeit gegossen an ein wol bequemes Ort, und schreibe auf den Schwengel den Nahmen Adonay, und an die Rundung der Glocke schreibe Tetragrammaton und an die Hand-Habe Jesus.

Halte sie rein und an einer saubern Stelle, dann es ist ein Arcanum-Gottes, bedarfst auch keines Andern Characters und Nahmens dieses Orts, sondern nur der beyden, samt dem Dritten, dann ihre Tugend ist unerforschlich, sintemalen Sie die Größesten und Höchste seynd, die beyden als Tetragrammaton und Adonai, mit welchen die Hebräer und Egyptier, samt Anderen viel Wunder gestifftet haben, der dritte Nahme als Jesus, der ist das neugebohrne Kindlein, welches ist ein Lamm das der Welt Sünde trägt, derowegen zur Bestätigung und eines Göttlichen Anfanges, Bereitung und Vollendung hieher gebrauchet wird. In diesen dreyen stecken alle Secreta verborgen, so im Himmel und im gantzen Geschöpfe Gottes seyn mag: damit ihre Tugend, auch Weisheit biß auf diese Stunde noch nicht genugsam außgesprochen, noch gäntzlich gefunden werden mag, derohalben Sie in höchsten Ehren gehalten, und ja nicht mißbraucht werden sollen.

Wilt du nun dein Glöcklein gebrauchen so sage:

O Gott Tetragrammaton, Adonay ich N. dein Geschöpfe, bitte durch Jesum, allda mein Begehren in Glück, durch deine Gnade mit diesen Geistern zu erfahren ohne Uebel, mit Gewalt deiner Macht, Herr Zebaoth! ein Herr aller Herren Amen.

Licht,
damit einen vergrabenen Schatz zu finden.

R) Thurr. vel. oliban. elect.*

Sulph.  vel flor 🜍.

Cerra flav. Welches unbereitet, āā.**

und etwas Garn, etc.

Mache hierauß nach der Kunst ein Licht, und leuchte damit in alle Winkel deß Hauses, und wo Geldt vergraben ist, da gehet das Licht auß.

* Wahlweise Weihrauch oder Duftendes (Anm. C. E.).

** Schwefel oder Schwefelblüte, gold-gelbes Wachs, alles zu gleichen Teilen (Anm. C. E.).

Specul. Magic. vitr:

Vulg: dict: Erd-Spiegel

welchen selbsten nach einem in Händen gehabten Original auf das
accurateste Copirt.

Virgulta Divina

muß auß Kupfer oder Meßing gemacht und ein vollkommenes
Dreyeck seyn.

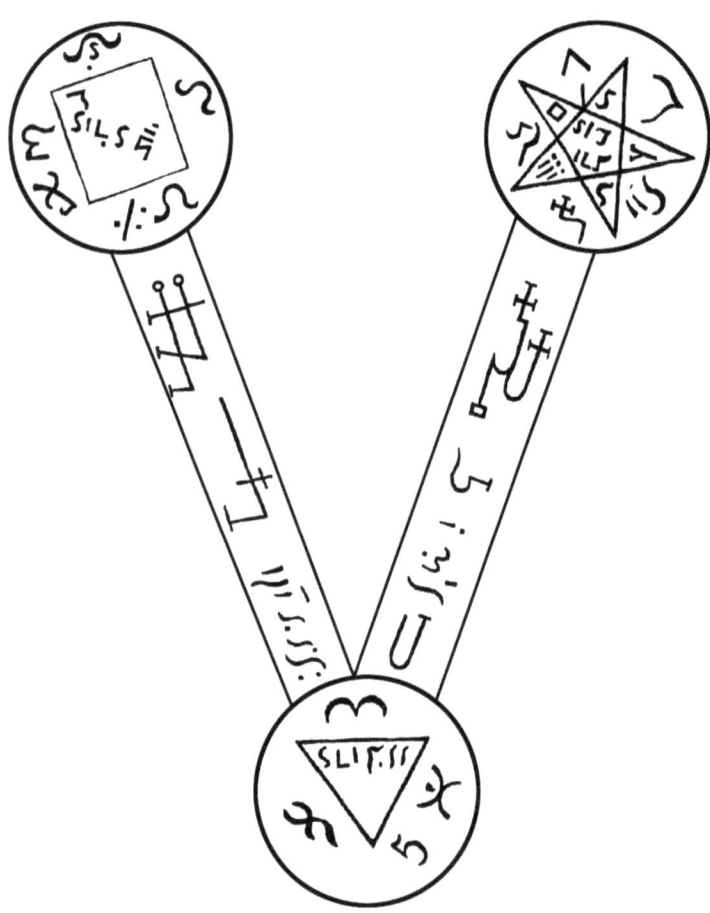

Diese hier verzeichnete Ruthe mus im zunehmenden Mond Vormittags zwischen 9. u. 10. Uhr gemacht und gäntzlich vollendet werden, die Haebraeische Buchstaben, Circul und Zeichen werden mit Cinnober gemacht und die Ruthe über dem Circul wo es zusammen hängt, umwickelt mann in Form eines 3.ecks 3. mal mit rother Seide, auch wird nachgesetzte Beschwöhrung 3.mal über die Ruthe gesprochen und zwar das erste mal Anfangs das zweyte mal wann sie halb verfertiget, und das dritte als letzte mal nach gäntzlicher Verfertigung der Ruthe.

Im Nahmen Gottes deß Vatters † und Gottes deß Sohnes † und Gottes deß Heil. Geistes †. Amen.

Ich N.N. biege und beschwöhre dich Ruthen Metall, durch den allergewaltigsten Adonai Jehova Eloha Alph †, und durch den allergewaltigsten Adonai Jehova Eloha Ben † und durch den allergewaltigsten Adonai Jehova Eloha Ruach-Hachedosch † Elohim, daß du die Kraft hast alles was ich dich fragen werde, durch deinen vorwärts ziehenden Ruthenschlag mir richtig zu antworten alles was ich nur wissen will, und dich fragen werde, in und durch das Element der Erden daß du dieses ohne Betrug thuest:

Ich N.N. beschwöhre dich Ruthe bey dem Heiligsten Adonai † Zebaoth † Messias † Soter † Emanuel † Agla † Tetragrammaton † bey der Heiligsten Erschaffung der Welt † Empfängnüs † Geburth † Leyden † und Himmelfarth Jesu-Christis † bey der Sendung deß Heiligen Geistes † bey dem Jüngsten Gericht †.

Ich N.N. bitte und beschwöhre dich allerheiligster Engel und Fürst Ariel, deß Elements der Erden, daß du diese meine Ruthe führest und leitest auf alle meine Fragen, durch Adonai † Agla † Tetragrammaton † dieses soll ihr helffen ihr Heilige Chöre der Engel Cherubim, Seraphim, Aralim, Hasmalim, Cophnim, Throni, Potestates, Virtutes, et Angeli per Angelorum Angelum Jesum Christum qui Vivit et regnat in unitate Patris † et Filium † et spiritus Sanctus † in secula Seculorum Amen †††.

Ich N. N. beschwöhre dich Ruthe, bey allen denen über dich gespro-
chenen Worten Adonai, Agla, Tetragrammaton, daß du mir richtig ant-
wortest, durch deinen vorwärts ziehenden Ruthen Schlag, wo verborgene Schätze etc. etc. und dich allerheiligsten Engel und Fürsten Ariel,
deß Elements der Erden bitte und beschwöhre ich, daß du diese meine
Ruthe führest und leitest, durch Adonai, Agla, Tetragrammaton, dieses
solt ihr helffen all ihr Heilige Chöre der Engel durch den Engel aller
Engel Jesum - Christum, in Nomine Patris † et Fili † et Spiritus Sanctus † Amen.

NB. Bey Führung der Ruthe, wird dieselbe mit dem Daumen und Zeige
Finger d. rechten Hand bey dem ersten Circul wo es zusammenhängt
und mit der Seide bewickelt ist auf beyden Seiten veste gehalten, und
zwar daß die Schrifft oben ist, etc. so dan fraget man auf gewöhnliche
Weise im Nahmen G. D. V. S. H. G.

Die Geister zu beschwöhren und zu bezwingen, sind folgende Tage die
beste, in jedem Monath deß Jahrs.

Nehmlich der 3. 4. und 8. Tag im zu nehmen deß Monds.

Nun folgen auch die übrige Monats Tage im Jahr, welche zu Citation der Geister vorzüglich sind.

January.   3. 4. 6. 9. 11. 13

Februar: 2. 5. 8.

Martius.   3. 16. 17. 18.

April.   12. 15.

May.   7. 15. 17.

Jun: 7. 15. 17.

Julius.   1. 10. 19. 20.

August.   5. 9. 11. 12.

Septembr.   17. 18.

Dezembr.   6. 7. 11. 18.

In folgenden Tagen müßen alle böße Geister in die Hölle, und müßen die Schätze allein laßen.

1. Der Heilige Charfreytag.
2. Den Freytag nach Ostern.
3. Den Freytag nach Pfingsten.
4. Den Freytag nach Solstitio[8].
5. Den Freytag nach Simon u. Judae.

---

[8] Sommersonnenwende (Anm. C. E.).

**Hier folget nun die wahre und rechte Art und Weise wie man Geister
fordern und sprechen solle etc. etc.**

Niemals ohne Michaelis Kräfte.

Haubt Reguln

welche ein Exoroist zu beobachten hat, sind folgende.

I.

Wann du etwas mit denen Geistern, Sie mögen Gut oder Böse seyn, zu
thun haben wilst, so bette fleißig zu Gott, und lebe Gottesfürchtig, dann
sonsten wirst du wenig oder gar nichts außrichten.

II.

Bevor du etwas dergleichen vornimmst, so gebrauche das heilige
Abendmal, und verbanne alle Feindseligkeit gegen deinen Nächsten auß
deinem Hertzen.

III.

Du solt dich auch wol verwahren mit geheiligten Sachen, die man an-
zuhängen und auf dem Leib zu tragen pfleget, nehmlich: Sigilla oder
Anhängstücke, die mit Tauff-Wasser geweyhet sind wie nicht weniger
auch, daß du den Allerheiligsten Nahmen בשרע[9] mit Kreiden an dein
Beth die Wände, und alle Winkel deines Schlafgemachs schreibest,
denn wann die Geister oder Teufel deinen Fürsatz mercken werden Sie
dir allerley Hindernüßen und Steine deß Anstoßens in den Weg auch

---

[9] Hebräisch: Schutz (Anm. C. E.).

74

viel Fallstricke legen, damit du nichts zum Stand mögest bringen können.

IV.

Bist du verheyrathet, so enthalte dich 9. Tage deß Beyschlafs, und aller geilen unzüchtigen Gedancken und fürwitzigen Sachen und halte dich keusch und rein so viel es menschlich und möglich.

V.

Diese 9. Tage über, solst du auch fleißig Allmosen außtheilen und andere Wercke der Barmhertzigkeit gegen gefangene Arme und dürfftige Leuthe außüben.

VI.

Du must auch nach Möglichkeit nüchtern und maßig leben, diese Zeit über, und dich für übermäßigem Esse und Trincken als zur Unterhaltung deß Leibes nöthig ist, hüten, den die Natur ist mit Wenigem vergnüget.

VII.

Du solt auch in dieser Zeit nicht fluchen oder Schwören, und zu unnützen Dingen wider Gottes Nahmen mißbrauchen noch auch deß bösen Feindes Nahmen in dem Munde führen dann sonsten begehest du dardurch eine schwere Sünde, und machest dich selbsten ungeschickt zu deinem Vorhaben.

VIII.

Setze nur ein vestes Vertrauen auf Gott den Allmächtigen und seinen eingebohrnen Sohn JESUM, so wirst du Wunderdinge thun, ja die Teufel selbst bezwingen, außer diesem, woferne dir obiges Vertrauen mangeln solte, würdest du in allem leeres Stroh dreschen, ja es würden dich die Geister nur auslachen, wenn Sie ein solches vermerken würden und du müßtest sodann mit Schaden erfahren waß du angefangen.

Dein Hembd, welches du von deinen Voreltern anererbet haben must, solle wol gereiniget und gewaschen seyn, und dieses muß der Exorocist über seine Kleider anziehen, dann sowohl die böse als gute Geister lieben die Reinigkeit, letztere weil Sie ohne dem reine Geister seynd, die erste aber weilen Sie auch in der Unreinigkeit verkläret waren, und dann auch in der Verdamniß selbsten verklährte Leiber haben, und können Selbige mit nichts mehreres alß mit Gestanck und unreinen Sachen vertrieben und in Harnisch gebracht werden.

Damit ich nun aber, lieber Leser! allhier alle Weitläuffigkeit fliehen, und dir nur den Kern der Beschwörungen und waß dazu gehöret hiermit für tragen möge: So mercke nur folgendes, waß zu diesem Fürhaben ohnentbehrlich ist, und zwar ob alle Zeiten, alle Tage, und alle Stunden, ja alle Minuten, deß Herrn seynd, und in seiner Hand und Gewalt stehen, so giebt es doch gewiße Tag und Nächte welche besser, würdiger und fürträglicher zu Beschwöhrung derer bösen Geister befunden worden, sintemalen die heil. Christ-Nacht, der Charfreytag an welchem Christus gestorben, die Nacht welche vor dem heil. Oster-Tag hergehet, der Pfingsttag, und die Auffarths-Nacht, wie auch der Tag deß Erz-Engels Michaelis, denen bösen Geistern sehr Fatal seynd, indeme man auß der Erfahrung hat, daß sie an solchen Tägen und Nächten weit trauriger, sanfftmüthiger und gehorsamer sich bezeugen, und kann man hierauß die Absicht der Beschwöhrung, destoleichter abschließen, man pfleget auch die Samstage gern dazu zu nehmen, indeme dieser Planet, gleich wie auch die in dieser Planeten Stunde gebohrne Menschen denen bösen Geistern nicht nur gefähr, sondern vielmehr von Natur zuwieder, so, daß dieselbe diesen Plantenten sowol, alß solche Menschen weit mehrers alß andere fliehen, dahero wann der Exorcist, unter deß Suturni Negierung gebohren worden, werden ihme die Geister niemalen erscheinen wol aber, wenn er sie gleich beschwöhret, jedennoch fliehen.

Der Mittag, oder die Mitternacht, ist die bequemste und beste Zeit zu denen Beschwörungen und hat auch der Exorcist in acht zu nehmen dabey, daß der Himmel allezeit heiter, oder gestirnet seye, dann bey trübem und unfreundlichem Wetter ist es gefährlich dergleichen für die Hand zu nehmen, weilen die in der Lufft wohnende Geister sodann gemeiniglich wild und heimtükisch, wie die Witterung ebenfalls seynd.

Es ist auch nöthig daß der Exorcist die Zeichen deren Planeten welche mehrmalen bey Formirung derer Circuln und Beschwöhrungen fürkommen wol wisse, wann anderst einer einen rechtschaffenen Beschwöhrer abgeben will es seynd aber dieselbe Zeichen auf folgende Art zu mahlen und zu schreiben.

Das Zeichen Saturni welches sonsten unter den Planeten insgemein also ♄ geschrieben wird, bey Beschwöhrung aber ist es auf eine heiligere und geheimere Arth also beschaffen.

Saturnus.

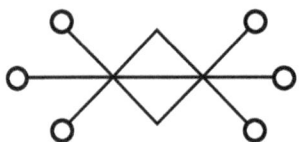

Intelligentiæ Saturni.

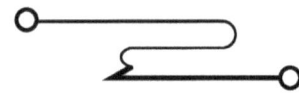

Dæmonium Saturni.

Jupiter.

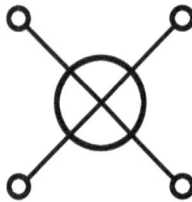

Intelligentiæ Jovis.

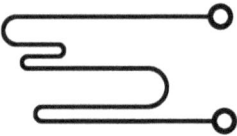

Dæmonium Jovis.

Mars.

Intelligentiæ Martis.

Dæmonium Martis.

Sol.

Intelligentiæ Solis.

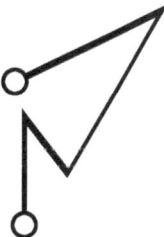

Dæmonium Solis.

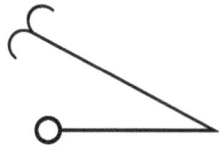

Venus.   Intelligentiæ veneris.

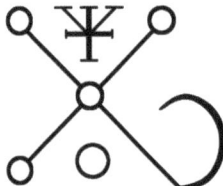   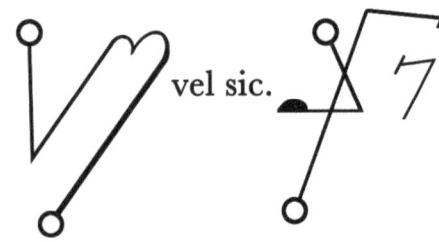

vel sic.

Dæmonium veneris.

Mercurius.   Intelligentiæ Mercurij.

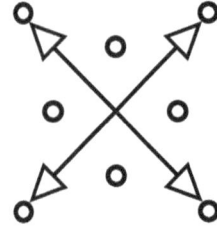   

Dæmonium Mercurij.

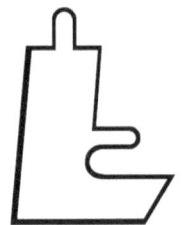

Luna.

Intelligentiæ Lunæ.

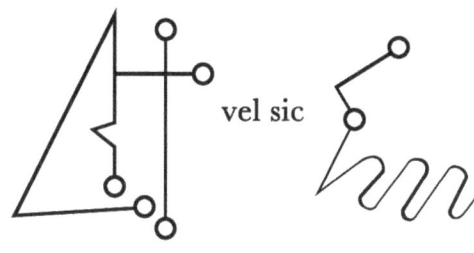

vel sic

Dæmonium Lunæ.

vel sic

NB. Solche und dergleichen Characteres findet man auch zwar mehrere in anderen Büchern, und hast du dich lieber Leser nicht zu verwundern, daß ich dieselbige schreibe, indeme auch Cornelius Agrippa davon Meldung thut, allein es ist deßwegen geschehen, damit du wissen sollest, daß andere Signa außer diesen falsch seynd, und weilen ich dir allhier durch den kürtzesten Weg auf das deutlichste gezeiget, wie man unterirrdische oder in der Erden vergrabene Schätze beschwöhren, graben und heben könne, so ist unstreitig nöthig gewesen, diese und andere Zeichen beyzufügen damit dieses Wercklein nicht nur Compendios, sondern auch vollkommen seyn, wie du es in der That also finden wirst.

Ferner ist wohl in Acht zu nehmen, gleichwie es im Himmel und Himmlischen Freuden, gewisse Stufen, verschiedene Belohnungen, allerley Aemter und Verrichtungen, ingleichem verschiedene Seeligkeiten gibt eben also ist es auch unter denen Verdammten beschaffen, dann die Qualen und Stellen sind daselbst auch unterschieden, daß immer eine Stufe davon größer oder kleiner ist, alß die Andere dann in dem Himmel gibt es Neunerley Geschlecht der Ertz Engel alß Seraphinen, Cherubinen, Thronen, Herrschafften, Mächte, Tugendwürkende Fürstenthümer, Ertz Engel, und Engel.

Es sind auch Neun Engel dem Himmel fürgesetzet, Namentlich Metanon, Orphaniel, Zaphiel, Zadkiel, Camäel, Raphäel, Haniel, Michael, und Gabriel.

Achterley Belohnungen deren Seeligen, als die Erbschaft, Einverleibung, Gewalt, Sieg, und Anschauung Gottes, das Reich und die ewige Freude.

Zwölf Engel die denen Himmlischen Zeichen fürgesetzet werden, als

Machidiel, Aomodel, Ambriel, Verchiel, Hamabiel, Zuriel, Barbiel, Annachiel, Hanael, Gabriel, und Barchiel.

Nun folgen deren Verdammten und Höllischen Geistern Ordnungen, und Stufen, welche folgende seynd.

Es werden aber die Teufel in 9. Gradus oder Classen eingetheilt, und zwar nachgesetzter Maaßen.

Erstlich in falsche Götter, die sich deß Nahmens Gottes anmaßen, und mit opfern und anbetten alß Götter wollen verehret werden, wie jener Teufel, welcher zu dem Sohn Gottes sprach: Dieses alles will ich dir geben, so du niederfallest und mich anbettest, und ist der Fürnehmste oder Fürst unter ihnen der Beelzebub.

In die andere Classe gehören die Lügen-Geister, dergleichen derjenige einer gewesen, der als ein Lügen-Geist außgegangen in aller Propheten Ahabs Munde, unter denselben ist der Fürnehmste die Schlange Python, von welcher der Heydnische Apollo der Pythische genennet worden, und das pythonische Weib bey dem Samuel, diese Arth der Teufel hat sich ehehin unter denen Oraculis, wo man nehmlich die Götzen um Rath gefragt, mit eingemischet.

Drittens, die Gefäße der Unreinigkeit, welche alles Böse stiften, und böse Künsten lehren, dergleichen derjenige war, welcher unter dem Nahmen Theutus bey dem Platone das Spielen absonderlich mit dem Brett-Spiel aufgebracht, und seynd dieses diejenige, von welchen in dem ersten Buch Moysis in dem Seegen über Simeon und Levi Jacob sagte. 49. Cap. v. 5. et 6. in ihren Wohnungen sind Gefäße der Unreinigkeit ihre Schwerdter sind mörderische Waffen, meine Seele komme nicht in ihren Rath. Der Fürnehmste ist Belial.

Vierdtens die Rach-Geister, deren Oberhaubt ist Asmod oder Asmodeus bey dem Tobia.

Fünftens, die Zauber-Geister, welche Wunderwercke nachäffen und denen Hexen und Unholden dienen, verführen aber die Leuthe wie die Schlange Evam, deren Obrister wird Sathan genanndt.

Sechstens, die ihre Würckung in der Lufft haben, und sich unter Donner, Blitz und Hagel machen, die Lufft anstecken, und die Pestilentz erregen, auch anderes Unglück stifften, diese Teufel werden in der Offenbahrung Joannis durch die 4. Engel angedeutet, welchen Macht gegeben ist, der Erde und dem Meer zu schaden, deren der Fürnehmste Meierim genennet wird, nehmlich der Mittags-Teufel von welchen Paulus an die Ephisier bezeuget, daß er sein Werck habe in den Kindern deß Unglaubens.

Die siebende Ordnung oder Stelle ist deren Furien, welche alles Uebel, als Uneinigkeit, Krieg und Verheerung anrichten, deren Oberster nach der grichischen Sprache in der Offenbahrung Joannis Apollio, auß dem Hebräischen aber Abaddon genennet wird, das heist auf teutsch ein Verderber.

In der achten Ordnung seynd die Lästerer und Wäscher, deren Principal ist Astaroth, das ist der Wäscher, der die Leuthe außforschet, und in dem Griechischen wird er Diabolus genennet, der unsere Brüder Tag und Nacht für Gott verklaget.

Die letzte Ordnung ist der Versuch Teufel, und die denen Menschen nachstellen, welche allen und jeden Menschen nachtrachten, und auf der Hauben seynd. Sie werden eigentlich die bösen Geister genennet, und ist ihr Heerführer Mamon oder die Begierde.

Sechße seynd unter ihnen, die in der Hölle alß Urheber und anstifftende Teufel alles Unheils genennet werden, als nahmentl. Aetus, Megalosius, Ormenus, Lycus, Kyeon, und Minos

Siebenerley Wohnungen sind auch in der Hölle, worinnen sich die unterirrdische Geister und Teufel aufhalten, wie selbige Joseph Rabbi Castiliensis folgender maßen beschreibet. Die Hölle, Pforte deß Todes Schatten deß Todes, der Hafen deß Untergangs, der Todt deß Lumpenpacks, das Verderben, und der Abgrundt.

Es giebt auch achterlei Qualen der Verdammten, nehmlich.

Das Gefängniß,

Die Grube da kein Wasser inne ist,

Der Ewige Todt,

Das Gericht,

Der Zorn Gottes,

Verstoßung von Gottes Angesicht,

Höllen Quaal,

Und Höllen Angst.

NB. Diesen Teufeln allein ist der Saturnus zu wieder, absonderlich bey Grabung verborgener Schätze indem nehmlich der Saturnus über die Erde gesetzet, welche ein Saturnalisch Element ist. Dahero kommt es, daß das Zeichen Saturni, wann es in deß Exorcisten Creis befindlich ist ihme zur Sicherheit gereichet, daß ihme die Geister nicht nur nicht schaden können, sondern vielmehr fliehen werden, so bald sie nur etwas Saturnalisches in dem Circul angemerket sehen.

Es haben also die Teufel unter sich auch gewiße Stufen und Stellen, wie bereits erwehnet, nehmlich, es seynd unter ihnen Oberhäubter, Bediente, Diener, dienstbare Geister, Bergmännlein und dergleichen, deren einer über den anderen zu befehlen und dieser zu gehorsamen hat.

Es ist aber nöthig gewesen allhier von deren Stufen und Ordnung, Erwehnung zu thun, und zwar darumm, damit der Exorcist einen Unterschied unter ihnen zu machen wisse, damit er nicht die unrechte Geister beschwöhre, und etwa einem etwas zumuthe welches ihme nicht gebühret, sondern einem jeden nach seinem Stand, Amt und Verrichtungen begegne; dann wann sie beschwohren werden so mercken sie fleißig darauf ob du es recht machest, und wann du nur ein einziges Wort außläßest, so ist es um deinen Leib geschehen.

Hast du also wol zu überlegen und zu betrachten, mit wem du umgehest, die böße Geister und zwar die gefallene, welche anfangs Engel gewesen, pflegen gemeiniglich in folgender Gestalt zu erscheinen.

Gleichwie nun die Heilige Engel und Himmlische Geister, meistentheil in menschlicher Gestalt erscheinen, und zwar alß schöne Jünglinge, so lassen sich hingegen die Teufel und böße Geister gemeiniglich in abscheulicher Gestalt sehen, es ist aber hier nicht die Rede von der Materie der Gestalt, welche ich an ihren Ort gestellet seyn laße, sondern von der Form oder Gestalt selbsten indeme allhier nur berühret wird, waß der Exorcist nothwendig wissen muß:

Und zwar so erscheinen sie manchmal in Gestalt eines brüllenden Löwen, oder auch eines Bährens, Elephantens, Affens, Hundes, Drachens, oder waß dergleichen schöne Figuren mehr seynd.

Unter diese Stufen und Ordnung, gehören aber auch die Hüter derer Schätzen, welche sich gemeiniglich wie schwartze oder feurige Hunde, Krötten oder Nacht Eulen sehen laßen, und dem Exorcist viele Mühe machen, biß er ihrer mächtig wird, und ihnen den Schatz entreißet, dann es ist kein vergrabener Schatz, der nicht seinen Hüter hat, ja öffters seynd bey einem wol 2. oder 3. nachdeme es der Werth oder Menge desselben erforderet, die arme Seelen aber irren in der Finsterniß herum und erschrecken die Leuthe, sie sind entweder schwartz oder weiß es ist aber einerley, und deswegen nichts besonders, dann sie mögen schwartz oder weiß seyn, so seynd sie doch verdammt, und derer Teufel Gewalt biß zu dem Gerichte Gottes, oder von der von Gott bestimmten Zeit, wer ihnen die Hände reicht oder sie berühret, den verbrennen sie, ob sie gleich manchmal weinen und sich stellen alß wolten sie erlöset seyn, so ist ihnen doch nicht zu trauen, indeme sie denen Menschen schaden, wo sie können, muß man sich also wol in acht nehmen, und seine Beschwöhrung mit gesetzter Vernunfft und deutlich verrichten, wenn man anderst eine solche herumirrende Seele erlösen und zur Ruhe bringen will.

Es giebt auch dreierley verschiedene Herrschafften derer Seeligen Geistern, deren jede wieder auß fünfferley Geistern bestehet, nehmlich.

1. Seraphin.	2. Cherubin.	3. Thronen.
1. Herrschafften.	2. Machten.	3. Kräfften.
1. Fürstenthümer.	2. Ertzengel.	3. Engel.
1. Unschuldige.	2. Martirer.	3. Beichtiger.
1. Patriarchen.	2. Propheten.	3. Apostel.

Vier Engel alß Vorgesetzte an denen 4. Enden deß Himmels als.

1. Michael.   2. Raphael.   3. Gabriel   4. Uriel.
und diese werden auch die vier Ertzengel genennet.

Es sind über dieses auch, vier über die 4. Elementen gesetzte, nahmentlich also.

שרף	כרוב	תרשש	אריאל
Seraph.	Cherub.	Tharsis.	Ariel.

Vier Elementen nebst deren Zeichen und Bedeutungen:

   fehlt im Manu-skript

die Erde,   das Wasser,   die Luft,   das Feuer,

Vier Theile der Welt

der Aufgang, Niedergang, Mitternacht und Mittag.

Vier Fürsten der Teufeln welche in den 4. Elementen schaden können.

Samael, Alzazel. Azael, Machazael.

Vier Flüße der Höllen.

Phlegeton, Cocythis, Stix, Acheron.

Vier der fürnehmsten höllischen Fürsten.

Lucifer, Leviathan, Sathan, Belial.

Acht andere Fürsten, welchen die vorige 4. zu befehlen haben oder unter ihnen stehen.

Astharoth, Magoth, Asmodi, Beelzebub.

Oriens, Paymon, Ariton, Amaymon.

Vier Ober Teufel, welche in denen 4. Theilen der Lufft herrschen.

Oriens , Paymon , Egyn v Ariton , Amaymon.

Nun folgen die gute Engel, welche jeden Tag in der Woche regieren, samt ihren Zeichen.

Der Engel deß Sonntags ist Michael, sein Zeichen ist

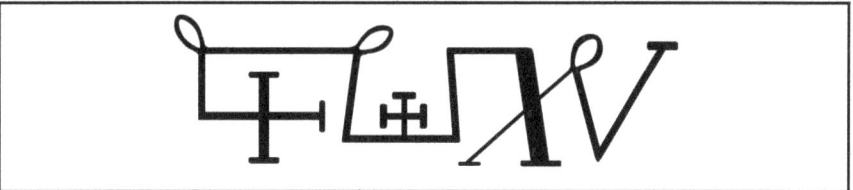

Der Planet dießes Tages ist ☉ und deß Planeten Zeichen ♌.

Die zugesellte Engel werden genennet, Dardiel, und Hurtapel

Der Engel der Lufft heißt an diesem Tag Varcan der König.

Und der Wind Boreas der Nordwind

Der darzu gehörige Rauch bestehet auß rothen Sandel.

Der Engel des Montags heißt Gabriel, sein Zeichen ist

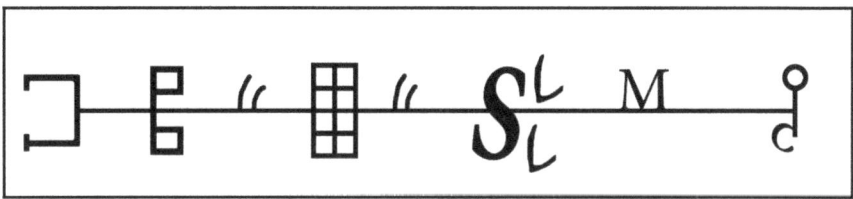

Der Planet dieses Tages ist ☽ und deß Planeten Zeichen ♐

Die zugegebene Engel werden genennet Michael und Samael.

Der Engel der Lufft an diesem Tag hat den Nahmen Arcan der König und der Wind heißt Zephyrus.

Der von Niedergang wehende Wind.

Der Rauch bestehet auß Aloe.

Der Engel deß Dienstags ist Samael, sein Zeichen ist

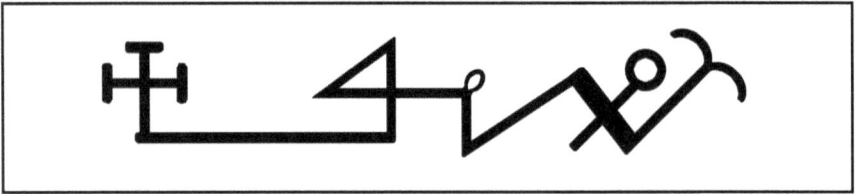

Der Planet deß Tages ist ♂ und deß Planeten Zeichen ist ♈ ♏.

Die ihm zugesellete Engel heissen Satael, und Amaliel.

Der Engel der Lufft wird genennet Samex der König der Wind aber, Subsolanus, welcher von eben dem Orth herwehet, wo die Sonne aufgehet wann Sie Tag und Nacht gleich machet.

Der Rauch wird gemacht von Pfeffer.

Der Engel deß Mitwochs ist Raphael, sein Zeichen aber

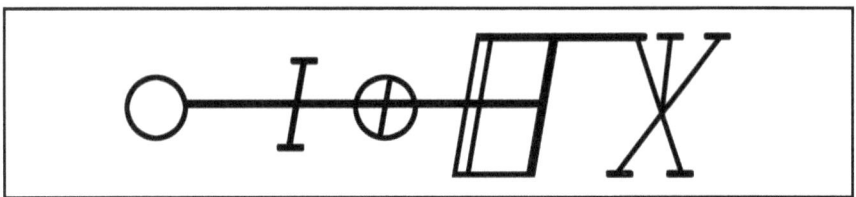

Der Planet dießes Tages ist ☿ und sein Zeichen also ▢ ♏.

Die ihm zugegebene Engel heissen Miel und Saraphiel.

Der Engel der Lufft wird genennet Medial, oder Modial, der König.

Der Wind aber heißt Africus, der Süd West-Wind.

Der Rauch bestehet in Mastichs.

Der Engel deß Donnerstags ist Sachiel,
sein Zeichen aber

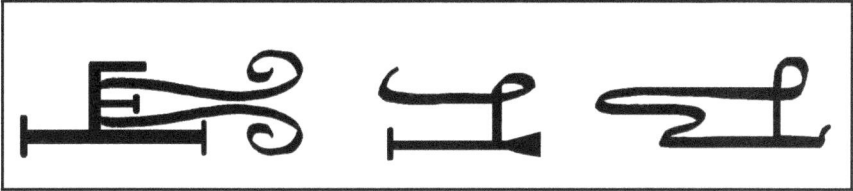

Der Planet dießes Tages ist ♃ und deß Planenten Zeichen ⊢⟩oder ♓

Die ihme zugesellte Engel heißen Castael und Asasiel,

Der Engel der Lufft wird genennet Suth der König.

Der Wind aber heisst Auster der Mittags-Wind.

Der Rauch bestehet auß Saffran.

Der Engel deß Freytags ist Anael, sein Zeichen ist

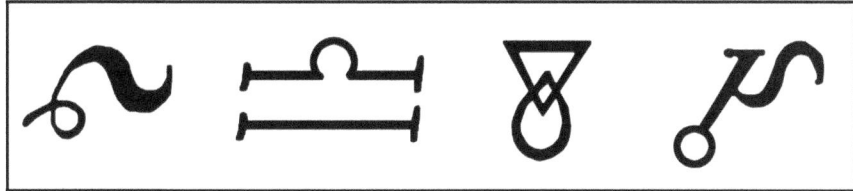

Der Planet dießes Tages ist ♀ und des Plan: Zeichen ♉ ♎

Die ihm zugegebene Engel heißen Rachiel, und Sachiel,

Der Engel der Lufft wird genennet Sarabotref der König.

Der Wind aber Zephyrus der Abend Wind.

Der Rauch ist Costus.

Der Engel des Samstags ist Cassiel, sein Zeichen ist

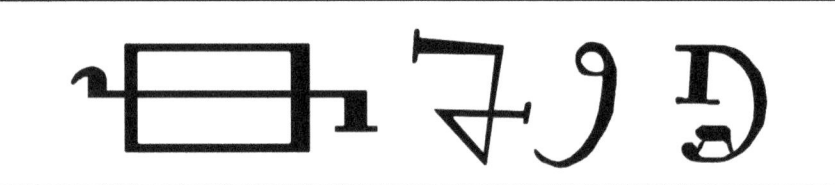

Der Planet dieses Tages ist ♄ und deß Planeten Zeichen ♒

Die ihme zugesellte Engel heissen Machatan und Uriel.

Der Engel der Lufft wird genennet Maymon der König.

Der Wind aber Afrus der Süd-West-Wind.

Der Rauch bestehet auß Schwefel.

NB. Unter diesen Tagen seynd der Sonn- und Montag nenebst dem Freytag die besten, an dem ersteren erhält mann Gold, an den zwey anderen aber Silber.

Bevor wir nun zu Formirung deß Circulus, und denen Beschwöhrungen selbsten schreiten, so ist noch zu erinneren nöthig daß man sich vor denen dienstbaren Geistern, welche man Spiritus Familiares – nennet, in Acht nehme, dann diese seynd gleichsam die Fratz-Narren unter denen Teufeln, lose und spöttische Diebe, die nichts mehr als Gauckelspiel treiben, damit sie nur die Leuthe und den Beschwöhrer oder Exorcisten betrügen, und in ihrem Fürhaben irre machen, worüber sie dann, wann es ihnen gerathet in die Faust lachen.

Wenn du also irgend wo einen Schatz begraben weist, und derselbe allbereits zu erheben ist, so daß alles Nöthige bereits geschehen, und es nunmehr an deme, daß du alle Augenblick bekommen sollst, was du dir wünschest und begehrest, so werden sie dir sodann alle ersinnliche Furcht und Schrecken einjagen, dardurch sie dich zum Reden zwingen, oder in ein Bocks-Horn zu treiben suchen werden, oder daß du gar davon lauffen und alles im Stich laßen sollest.

Wenn sie aber etwa solches zu Wegen gebracht, so verschwinden sie alßbald mit dem größten Gelächter;

Damit sich nun der Exorcist für ihren Streichen hüten möge, so ist sehr dienlich und rathsam, auch höchst nöthig, daß er genaue Wissenschafft von ihrer Natur, Stellungen, Gestalten, Erscheinungen und Anzeigen, nicht weniger auch, wie man selbige vertreiben, und beschwöhren solle, damit sie ihme nicht können hinderlich seyn.

Es hat aber die Geister zu beherrschen, und in seiner Gewalt der über sie gesetzte Aratron, welcher wenn er will, auch dienstbare Geister, oder Spiritus Familiares geben kan dieser kan auch die Schätze in Kohlen, und wiederum die Kohlen in Schätze verwandlen ingleichen nicht nur unsichtbar machen, sondern alles in einem Augenblick in Stein verwandten.

NB. Dahero ist also zu wissen, daß ermeldte dienstbare Geister manches mal in Gestalt eines Drachens, Bährens, Krottens, Rabens oder auch eines Cameels erscheinen auch wol gar alß Menschen, welche an dem Creiß zerrißen werden.

Seynd diese nun Saturnalische Geister, so machen sie einen Sturm-Wind, mit einer Art eines Erd-Bebens;

Seynd es aber Jovialische, so erwecken sie, und machen Wetterleuchten, mit Donner und Blitz:

Andere hingegen effectuiren nach ihrer Art wieder etwas anderes, wer nun derer Geister Arth nicht weiß, der kan auch mit ihnen nicht auskommen, oder eine kräfftige Beschwöhrung zu Stande bringen. Hüte dich also, daß sie dich nicht außlachen, oder dir einen Strich durch deine Rechnung machen dann dieses ist ihre Absicht wann sie erscheinen, sie kommen auch öfters wie ein starcker Wind, wie du aber mit ihnen zurecht kommen sollest, und kannst, will ich dir lieber Leser! in folgendem sagen, dann es ist höchst-nöthig, damit du nicht um das Leben kommest und etwa um die Seele zugleich, ich bitte dich also, um Gottes-Willen, glaube mir, daß ich dir in diesem kleinen und geheimen Wercklein, nicht ein Wort umsonst gesagt, ich hätte zwar sehr viele gehabt, die mir diesen Unterricht theuer genug bezahlet hätten, NB. wann ich nicht in Sorge gestanden wäre sie dörfften ihre Wissenschafft mißbrauchen.

Dann hierinnen stecket das Geheimniß aller Geheimniße ich habe durch diese Art und Weise, deren ich mich selbsten bedienet, durch Gottes Hülfe viel ausgerichtet; andere aber die sich gerühmet, sie verstünden das Schatzgraben habe ich außgelacht.

Ein rechtschaffener Exorcist der an Jesum Chiristum glaubet ihn fleißig anrufet, und durch seinen Heiligen Nahmen dießes Werck verrichtet, der kan auch den alleroberst Fürsten der Teufeln zwingen daß er dir alles in die Hände geben muß, ohne dir ein Haar zu krümmen, dann es ist gewiß, wie unser geliebster Heyland Jesus gesagt hat, wann ihr Glauben habet, so sprechet zu diesem Berge: hebe dich von dannen, ja durch den Glauben an mich könnet ihr Todten auferwecken, und alle die Werke thun, die ich thue, wenn ihr nur an mich glaubet, und an den der mich gesandt hat, nehmlich, an Jehovah, den Schöpfer Himmels und der Erden, dann Er ist der Herr der Himmlischen Heerschaaren Sabaoth; warum solte er nicht auch die Teufel zu Paaren treiben können.

Wir wollen aber weiter fortfahren, und dem allergheimsten Werck selbsten etwaß näher tretten.

Zum Beistand ruffen wir dazu an, die

Hochheilige Dreyfaltigkeit,

Gott den Vatter †

Gott den Sohn † und

Gott den Hl. Geist †

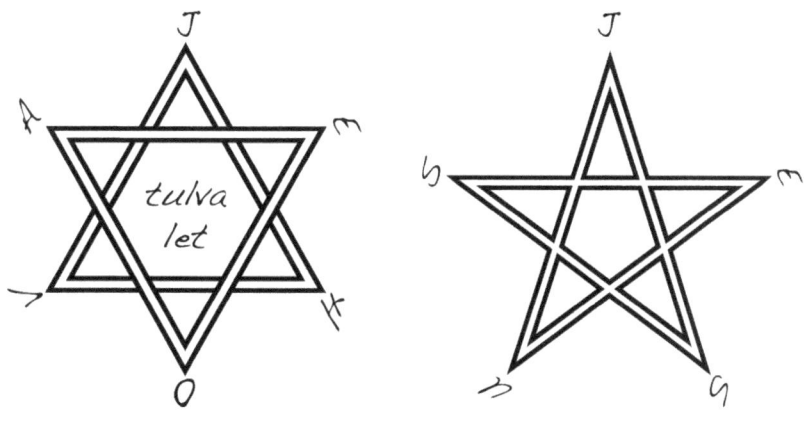

Das malte der dreyeinige Gott

JEHOVAH.

Lieber Leser

Im Nahmen Jesu, welcher ist deß Weibes Saamen, und der der Schlange den Kopf zertretten und noch zertritt, eröffne ich dir anjetzo den Schatz der Geheimnißen, damit er dir, die von geitzigen und bösen Seelen vergrabene unterirdische Schätze eröffne, ich bitte dich aber nochmals um Gotteswillen hüte dich vor Sicherheit, und mercke alles wol, was hier geschrieben ist, damit du alles wol begreiffest, und durch Mißbrauch deß rechten Weges nicht verfehlest.

NB. NB.

Wann du einen vergrabenen Schatz an einem Orth vermerckest wo es zugleich umgehet, oder sich ein Geist oder die Seele, welche selbigen vergraben, sehen läßet, so begieb dich an denselbigen Orth frühe in der Morgendämmerung vor Aufgang der Sonnen und zwar nüchtern, und solt du niemand als Gott bey dir haben, verrichte dein Morgen Gebett, und bezeichne dich mit dem Zeichen deß Heiligen Creutzes an der Stirne, Mund, und Brust, sodann es mag nun in einem Zimmer oder Keller, unter dem freyen Himmel, oder unter einem Dach seyn, must du 4. kleine Zettelein bey dir haben, worauf der Heil. Nahme Jesus geschrieben stehet und unten darunter diese Wort:

In dem Nahmen Jesu müßen sich beugen alle Knie, die im Himmel, auf Erden, und unter der Erden sind, fliehet dahero von hinnen ihr unreine Geister, dann hier ist Jesus.

Diese 4. Pappierlein must du in 4. Winckel begraben, daß du fast ein 4eck damit machest wann nun dießes geschehen, so falle auf deine Knie nieder, und verrichte folgendes Gebettlein mit gantz inbrünstig Devotesten Hertzen.

Herr Gott Schöpfer Himmels und der Erden, Du Beherrscher der Engel, auch aller anderen guten und bößen Geistern, vor deßen mächtigen Stimme die Verdammte zittern, siehe, ich ein nach deinem Ebenbild erschaffener Mensch, bin zwar Erde und Asche, aber durch deinen einigen von der Jungfrau Maria gebohrnen Sohn welcher der wahre Weibes-Saamen Jesus ist, der meine sündliche Seele von der Gewalt des Teufels und dem ewigen Todt erlöset, ich bitte dich also Barmhertziger Gott! du Herr und König der Himmlischen Heerschaaren gieb Gnade daß diese arme in der Finsterniß herum schweiffende Seele möge erlöset werden, und biß zum Gericht ruhen könne, damit sie die Leuthe nicht ferner in Schrecken setze, und dießes vergönne mir der ich dich anrufe, in dem Nahmen deines Sohnes Jesu Christi, dem mit dir samt dem Heiligen Geist, seye Lob, Preiß und Ehre in alle Ewigkeit.

Seuffzerlein.

Herr ich glaube, hilff meinem schwachen Unglauben durch Jesum Christum Amen.

NB. Der Geist oder das Gespinnst wird unter diesem Gebätt also überlaut, daß du es gar genau wirst hören können weinen, oder doch wenigstens vernehmlich seuffzen, ob du gleich nichts siehest, Sie doch am nächsten bey dir seyn wird, und zwar auß dieser Ursache, weilen Sie gerne erlößt wäre wann es aber die Hüter deß Schatzes vermercken, so werden Sie der armen Seele allerley Verdruß und Plage anthun, Sie werden auch ein Gepolter machen, daß dir solle Angst werden du aber sey nur getrostes Muths und vertraue auf Gott, dann Sie seyn nicht nur schon gehindert und gleichsam gebunden, daß Sie dir nichts anhaben können, auch wegen derer in den 4. Ecken oder Winckeln dießes Orts vergrabenen Pappierlein, nach ihrer bösen Gewohnheit nicht mehr machen, daß der Schatz verfalle, oder sich verrücke an einen amderm Orth hin.

NB. Wann nun dießes geschehen, so stehe wieder auf, und zeichne dich abermalen mit dem Zeichen deß Heiligen Creutzes, und spreche im Nahmen Gottes deß Vatters † Gottes deß Sohnes † und Gottes deß Heiligen Geistes †

NB. Wann du nun dießes gethan, so must du nicht länger dann 3. Tage warten oder außbleiben alßdann aber die Beschwöhrung fürnehmen, inzwischen wird der Geist seuffzen, auch laut weinen, daß es jedermann wird hören können, ja er wird äußerst unruhig seyn, biß die Stunde seiner Erlösung von dem Umgehen vorhanden seyn wird, die Hüter deß Schatzes aber, werden ihn nicht nur quälen, sondern auch auf alle er-

sinnliche Weise bedrohen, wann er in die Beschwöhrung gutwillig ein-
willigen würde.

In diesen 3. Tagen muß sich der Exorcist 4. Wachs-Lichter über welche
eine Heilige Meße gelesen, auch zugleich geweyhet worden, anschaffen
dann wann dieses nicht geschähe würden die Höllische Hüter des
Schatzes die Lichter außlöschen und außblasen, dardurch du in große
Leibes und Seelengefahr gerathen köntest;

Es ist auch nöthig daß der Exorcist einen besonderen Rauch mache,
und zwar ehe er die Beschwöhrung anfanget, nehml. so bald er die
Lichter angezündet er muß aber denselben aus folgenden Stücken zusammen machen und denen Geistern anzünden, nehmlich

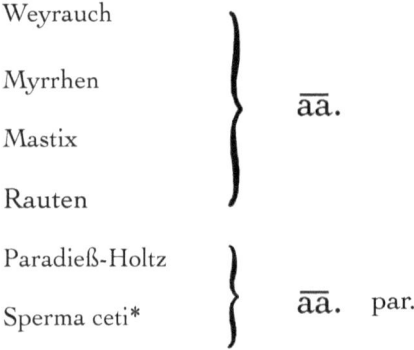

Weyrauch	
Myrrhen	
Mastix	$\overline{a}\overline{a}$.
Rauten	

| Paradieß-Holtz | |
| Sperma ceti* | $\overline{a}\overline{a}$.   par. |

Dießes wol untereinander gemischet, alßdann einen Rauch davon gemacht, nehml. mit so vielem davon alß nöthig ist ad Funigium.

NB. Um dieses Licht aber muß ein Papierlein, worauf nachgesetzte
Worte mit einer neuen Feder und Blut von einer weissen Tauben geschrieben stehen, umwickelt seyn, nehmlich diese Wort

Jesus ist mein Licht.

---

* Spermaceti auch Walrat, ist eine fett- und wachshaltige Substanz aus dem Kopf des
Pottwals. Eignet sich zur Herstellung von Kerzen (Anm. C. E.).

98

Es muß auch der Exorcist ein Stäblein bey sich haben, welches man den Stab Caroli zu nennen pfleget, dieses Stäblein mus ohne Mackel seyn, eines Fingers dick, und einer Elen lang, von einer Haselnuß Stauden, und dieses muß der Exorcist bey sich in dem Circul haben, es müßen auch diese 4. Buchstaben J.N.R.J. darauf geschrieben seyn;

Eine Thorheit ist es, wenn ettliche einen bloßen Degen oder Schwerdt, mit sich in den Craiß nehmen, alß wann mann mit denen Geistern, wie mit Klopf-Fechtern sich herum hauen wollte, aber nichts nichts wenigere! Dann wir haben mit Geistern alß Fürsten dieser Welt zu thun, welche mit nichts alß mit dem Wort Gottes und anderen geheimen Sachen vertrieben werden sie fürchten sich wenig für dem bloßen Schwerdt, oder geladenen Geschoß, sondern das einige allerheiligste Wort Jesus, wann es mit wahrem Glauben und reinem Hertzen ausgesprochen wird, treibet, jagt, und schlägt selbige in die Flucht:

Der Exorcist kan auch 3. Personen bey sich haben, sie müßen aber einerley Nahmen haben, E. G. 3. müßen Johannes heißen oder auch den Nahmen haben Christian, erstbemeldte Nahmen haben zwar eine besondere Krafft bey diesem Wercke, dann der Mensch kan sich gleich seiner Heiligen Tauffe erinnern es können auch drey Siegmund in dem Crayß seyn, oder drey Andräas, so, daß der eine den Rauch anzündet, der andere die Beschwöhrung fürnehme und der dritte auf die Lichter und den Rauch selbsten Achtung gebe, womit er diese böße Geister oder Teufel auß einander treibe, es stellet dießes auch das drey, alß die vollkommenste Zahl für.

In diesen 3. Tagen muß aber auch NB. der Exorcist mit seinen Gesellen das Heilige Abend-Mahl genießen, und zwar nüchtern, sie müßen auch die Zeit keinen Fluch von sich hören laßen, ansonsten seynd sie in großer Gefahr sie müßen auch die Wercke der Barmhertzigkeit gegen die Arme außüben.

Ist Gott mit unß wer mag wieder unß seyn.

Bevor wir zu dem Crayß schreiten wollen wir ettliche Heil. Sprüche auß der Heiligen Schrifft anziehen, mit welchen die Teufel wann sie uns etwaß anhaben wollen zu paaren können getrieben werden.

1.

Deß Weibes Saamen soll der Schlangen den Kopf zertretten.

2.

Unser Gott sagt, wann eure Sünden gleich blutroth wären so sollen sie doch Schnee weiß werden.

3.

Das Blut Jesu Christi deß Sohnes Gottes macht unß rein von allen Sünden.

4.

Sey getrost mein Sohn, deine Sünden seynd dir vergeben.

5.

Jesus von Nazareth ein König der Juden.

6.

Jesus sprach zu seinen Jüngern so ihr Glauben habet, könnt ihr Berge versetzen.

7.

Meine Hülffe kommet vom Herrn, der Himmel und Erden gemacht hat.

8.

Der Herr behüte mich vor allem Uebel, der Herr behüte meinen Auß-
gang, und Eingang, von nun an biß in Ewigkeit.

9.

Ich erhebe meine Hände auf zu dir, der du im Himmel sitzest, und die
gantze Welt regirest.

Nun folget der Circul, in welchem der Exorcist nach seinem Gefallen, entweder allein oder mit seinen Gesellen, sitzen oder stehen kan.

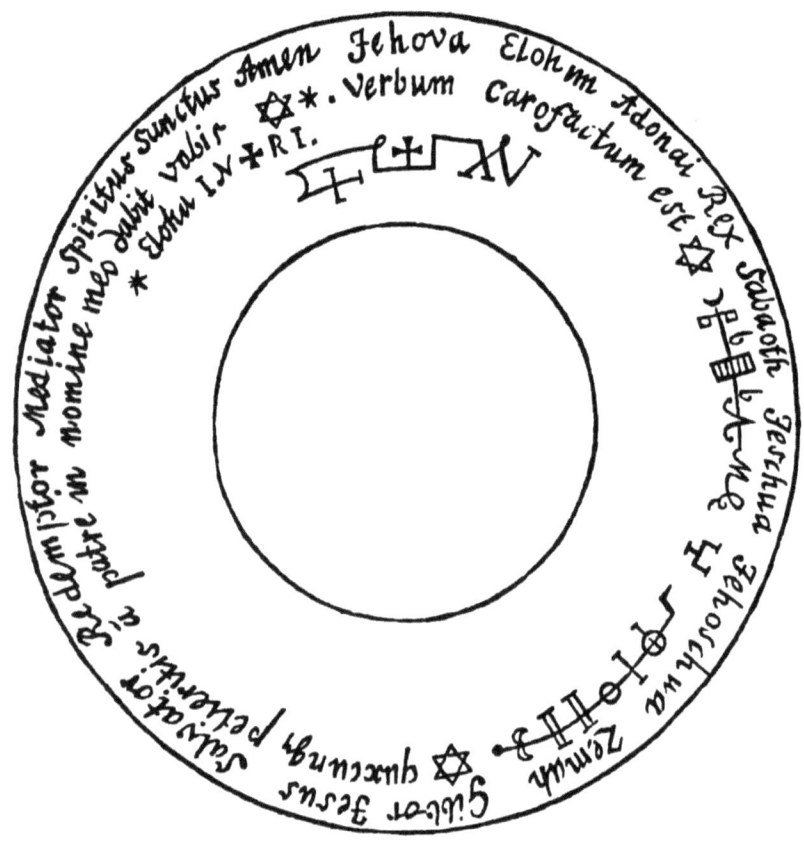

NB. NB.

Es pflegen zwar einige in ihrem Craiß, auch die Nahmen derer für-nehmsten bößen Geister zu schreiben, es ist aber lächerlich und wieder

Gottes Gebott, dann so lauten die Worte: Ich bin der Herr dein Gott, und außer mir ist kein anderer es ist vielmehr gefährlich, wenn du der obersten Teufel Nahmen in deinem Crayß hast, weil du ihnen dardurch gleichsam eine Herrschafft über dich einräumest, oder mein ? wie reimet sich Christus und Belial zusammen dieses aber must du gestehen, daß eine außgemachte Sache sey, daß durch Sprüche Heiliger Schrift welche in wahrem Glauben außgesprochen werden, die bößen Geister können vertrieben werden, dahero traue denen falschen Teufels Bannern ja nicht, welche allerley Figuren der bößen Engel und ihre Characteres in ihre Zirckel machen, sondern setze vielmehr dein Vertrauen auf Gott.

Wann du nun alles nach obbeschriebener Weise zugerichtet und verfertigt hast, und dir auch obberührtes Rauch-Werck angeschafft, so zünde zuforderst den Rauch an, und räuchere damit den Crayß, unter dem räuchern aber sprich folgendes Gebettlein mit Andacht:

Herr Gott Sabaoth! Du mächtiger König und Beherrscher der himmlischen Heerschaaren! Der du der reineste Geist bist, seegne diesen Rauch, damit er dir ein süßer Geruch seye, auf daß nicht der Seelenfeind deß menschlichen Geschlechts und seine Gaukeleyen in diesen Crayß zu kommen sich unterstehen dürfen, damit unßer Fürhaben, zu deinem Lob und Preiß gereiche, jetzt und in alle Ewigkeit Amen.

NB. Dieser Rauch aber muß in einem neuen erdenen Gefäß oder Topf angezündet werden welchen der Exorcist auch mit in den Circul nehmen muß.

Den Crayß muß mann von neuem sauberen Schreib- oder Post-Papier machen, und dabey wol in acht nehmen, daß mann die Geister ja nicht anderst als bey heitere Himmel, und im Zunehmen deß Mondes beschwöhre, dann wie oben erinnert, so seynd die böße Geister bey trübem und unfreundlichem Wetter und Lufft weit ungestümmer und hardnäckigter alß sonsten, ja sie erscheinen wol gar, und rathe ich dir nicht daß du sie um solche Zeit zwingest zu erscheinen.

Bey würklicher Antrettung nun der Beschwöhrung, sollen alle deine Gedanken und Unternehmungen, unter Bezeichnung mit dem Heiligen Creutz, im Nahmen der Hochheiligen Dreyfaltigkeit durch Jesum Christum geschehen. Amen.

Wann du nun in dem Zimmer oder Keller, oder unter dem freyen Himmel, wo du dieses Werck verrichten wilst, in den Crayß trittest oder gehest, so unterfange dich deßen nicht eher alß um Mitternacht; den Morgen zuvor aber must du dich an dem gantzen Leib waschen und baaden, hernach solt du dich neugewaschen und sauber anziehen, absonderlich dein Erb-Hembd, und zugleich das geweyhte Anhang-Stück obbeschriebenermaßen an dem Halß tragen, auf dem Kopf must du eine auß schöner zarter Leinwand zugespißte Haube, in der Gestalt eines Bischofhuts haben, davon der fordere Theil mit Pappier umgeben, worauf der Heilige Nahme Tetragrammaton nehmlich (der unaußsprechliche Nahme Gottes) geschrieben stehen muß. Der Orth aber muß von aller Unsauberkeit ja wol gereiniget und stark geräuchert seyn, das Pappier oder das Stirnband aber um deine Hauben muß also formierte und gemacht werden[10].

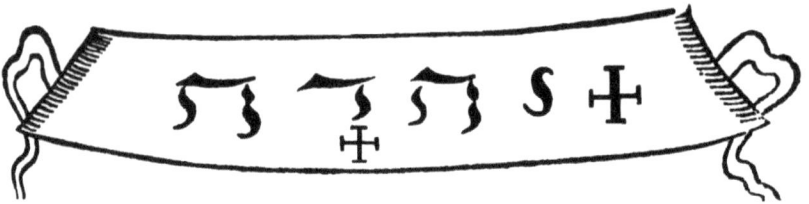

Diese Heilige Buchstaben aber müßen mit dem Blut einer weißen Tauben geschrieben werden, vermittelst einer neuen und ungebrauchten Feder.

---

[10] Wenn auf der Haube das Tetragrammaton stehen soll, so müsste das „S" vor dem Kreuz ein Jod sein also: יהוה (Anm. C.E.).

Uebrigens kan zwar der Exorcist die Beschwöhrung allein fürnehmen, nimt er aber jemand zu sich, so ist es nicht so fürchterlich, weilen ohnedem das Drey eine Heilige Zahl ist, wann also ihrer drey seynd, so kan einer den Rauch tragen, und zwar zweyerley Rauch, einen, damit er die Geister besänftige, und herbey locke, den andern, damit er sie damit verjage, welchen letzteren man auf die letzt gebraucht.

Er soll auch eine Kreide bey sich haben, damit er ausser dem Circul in die 4 Winkel folgendes Zeichen machen könne.

Der andere von denen Cameraden kan in der einen Hand zwey Gläßlein mit Weyh-Wasser, in der andern Hand aber gemischtes Blut von einem schwartzen Lamm, welches kein Jahr alt ist, und von einer weissen Tauben, welche noch nicht 2 Monath alt ist, mit einem Crucefix tragen, der Exorcist aber soll mit obbemeldten 4 Wachs-Lichtern, dem Stab Caroli in der Mitte, und zwar alle 3 hinter einander gehen, der Crayß solle um seinen Leib, und zwar um den Nabel und die Brust gewickelt seyn, in den Crayß aber muß mann gehen in dem Nahmen deß gecreutzigten, gestorbenen und wieder auferstandenen Jesu. Amen.

Wann er nun an dem gewöhnlichen Ort ist, so muß er den Crayß von seinem Leib herunter thun, und auf die Erde legen, seine Cameraden aber müßen alsobald mit hinein tretten, und die Lichter anzünden, und solchen so weit in die Runde außeinander dehnen alß seyn kan, damit sie mit der Kreide obbemeldte Caracteres außer dem Circul hinaußschreiben können, da dann der andere erwähntes Blut und Weyhwasser außer dem Crayß spritzen muß, wann nun dieses geschehen, sollen sie auf die Knie niederfallen und ein jeder vor sich dabey mit dem Heiligen Creutz an der Stirne, Mund und Brust zeichnen, im Nahmen Gottes deß † Vatters, und deß † Sohns, und deß Heiligen † Geistes. Amen.

Nachdem sollen die Cameraden ein wenig inhalten, der Exorcist aber, der in der Mitte seyn muß, soll verrichten folgendes Gebet.

Allmächtiger Gott und Herr, unßer Schutz und Stärke aller deren, die auf dich hoffen, und Beschirmer aller Niedergeschlagenen und Betrübten, auch aller derer unseren die in diesem Hauß (oder in dieser Gegend) wohnen. Sey unß, deinen Knechten, gnädig und gieße über unß alle zu jeder Zeit deinen Heiligen Seegen auß, auf daß wir mit deiner Heiligkeit erfüllet durch deine Gnade getrost und gutes Muths seyn mögen. Wir bitten dich Herr! stehe unß bey und hilff unß in unserem Fürhaben und segne Anfang, Mittel und Ende, damit unser Gebet und Thun ein glückliches Ende erlange, durch deinen lieben Sohn Jesum Christum unseren Herrn, welcher sey hochgelobet von Ewigkeit zu Ewigkeit. Amen.

NB. Hierauf zündet man den Rauch und die Lichter, unter Bezeichnung mit dem Heiligen Creutz an, wann nun dieses kaum wird geschehen seyn, und die Sache im Nahmen Jesu anfangest, so werden die böße Geister alsdann die arme Seel äußerst bedrohen und quälen, damit sie sich der Beschwörung widersetzen solle.

Hierauf muß mann dreymal hintereinander außsprechen und sagen: Alle gute Geister loben Gott den Herrn mit mir (oder mit uns).

Hierauf wird die arme Seele seuffzen und weinen, und mit heißerer Stimme sprechen: ich auch.

Sodann fähret man fort Sprechende: Ich sage dir und beschwöre dich in dem Nahmen deß gecreutzigten, gestorbenen und auferstandenen Heylandes Jesu Christi, welcher für alle unsere Sünden, auch die deinige, am Stamme deß Creutzes gebüßet, und genug gethan, unterstehe dich ja nicht meinem (oder unserem) Fürnehmen, welches wir dich von dem Herumschweiffen in denen Finsternißen zu erlösen, und dich biß an den Tag deß Gerichts zur Ruhe zu bringen angefangen, zu widersetzen, sondern stehe stille und höre, was ich dich befrage, im Nahmen Gottes deß Vaters † Gottes deß Sohnes † und Gottes deß Heil. Geistes † Amen.

NB. Hierauf mache wieder einen Rauch; die Seele wird darauf wieder seuffzen; die Hüter deß Schatzes aber werden einen Tumult und Getöße machen.

NB. Deßen unerachtet solt du weiter sprechen. Wann du wilt erlöset seyn in dem Nahmen Jesu Christi welcher ist Gibbor, Jeschua, Jehoschua, unser Heyland und Seeligmacher und Erlöser, der geseegnete Weibes-Saamen, für deßen allmächtigen Nahmen Jesu auch die Teufel und alle höllische verdammte Geister erschrecken und zittern und alle Knie sich beugen, welche im Himmel, auf Erden und unter der Erden seynd, wann du es also verlangest, so zeige den Orth, wo der Schatz, der dich so unglückseelig gemacht hat, vergraben liege, damit es dir eine Salbe auf deinem Haubt seye, der Nahme Jesus sey gelobet in Ewigkeit.

NB. Die Cameraden deß Exorcisten sprechen hierauf Amen.

Hierauf wird die arme Seele, auf welcher Seite sie nun gleich stehet, den Orth mit Thränen, Zittern und Zagen weisen, anbey andeuten, daß sie von den Hütern deßelben gebunden seye und äußerst abgehalten werde, dahero seegne du sie, und fange deine Beschwörung mit denen Geistern an.

Gehe hin in dem Nahmen Jesu Christi, der dir dein ewiges Heil seye, im Nahmen der Heiligen Dreyfaltigkeit Gottes deß Vatters † Gottes deß Sohnes † und Gottes deß Heiligen Geistes †. Hierauf antworten die Cameraden Amen.

Auf dieses werden die böse Geister ein entsetzliches Raabengeschrey anfangen, und wie Frösche quacken, aber erschröcke ja nicht dafür, dann es werden euch (oder dir) viele Blendungen und Gaucklereyen fürkommen, daß du von deinem Fürhaben abstehen solst; es werden dir Raaben mit großem Geschrey um deinen Kopf fliegen und allerley erdenkliche Schrecken einjagen; allein vertraue du nur auf Gott, und verrichte deine Sachen im Nahmen deß Herrn, du must aber vor allem 3

Stücklein Brodt bey dir haben und 3 Pappierlein, worauf der Nahme Jesus geschrieben; dann wann sie dir den Schatz geben, so must du gleich die Pappierlein mit den Stücklein Brodt darauf legen, damit sie dir denselben nicht wieder entzücken, oder in etwaß anderes verwandeln, welches sie gerne zu thun pflegen, wann sie können; dann die Geister seynd erschröcklich boßhaftig und betrügerisch.

NB. Dahero fahre mit der Beschwöhrung fort, also: Wir nach Gottes Bild erschaffene, und durch die Gnade deß Allerhöchsten, allhier stehende Menschen, beschwöhren euch in Gottes Nahmen, und laden euch höllische Geister und Fürsten Acheront, Astheroth, Magoth , Asmodi, Beelzebub, Belial, Aimaymon, Paymon, Egym mit euren untergebenen Hütern und Dienern, ihr möget nun seyn wer, oder welche ihr wollet, auch euch ihr gegenwärtige Geister, Hüter, Verdammte und Dienstbare, durch den allerheiligsten und allmächtigen Nahmen Jehova, Adonay, Elohah, Saday und Sabaoth, welcher ist und war, der Gott Abrahams, Isaacs und Jacobs, mit welchem auch Moyses geredet hat von Angesicht zu Angesicht auf dem Berg Sinay, und welcher Moyßen selbsten begraben hat, durch denjenigen, welcher in dem Allerheiligsten gewohnt hat, und durch Urim und Thumim, oder Licht und Nacht seinen göttlichen Willen geoffenbahret, eben derselbige allerheiligste Gott ist bey unß, ihr verdammte Geister, und durch denselben beschwöhre ich euch, daß ihr meiner Beschwöhrung und Befehl Gehorsam leistet, daß ihr diesen verborgenen Schatz nicht mehr verwahret, sondern diesen Augenblick verlaßet, und zwar in Kraft und Gewalt Tu Hagiu, Hagiotatu, welchen, die Heilige Engel anbetten und in denen Himmeln mit Singen, und in alle Ewigkeit schreyen: Heilig, Heilig, Heilig ist der Herr Sabaoth. Verlaßet nun diesen Orth gleich wie ihr den Sitz derer Engel im Himmel, dergleichen ihr gewesen, und nimmermehr werden werdet quittiren müßen, ihr, ihr verfluchte und verdammte unreine Geister! ihr sollet diese arme Seele nicht mehr quälen, solt auch diesen Schatz länger zu verwahren keine Macht haben, durch die Macht und auf Befehl Jesu Christi deß lebendigen Gottes Sohn in alle Ewigkeit. Amen.

NB. Hierauf werden sie dir fürwerffen, du seyest noch lange derjenige nicht, welcher im Stande seye diesen Schatz zu heben, und eine arme Seele zu erlösen, werden dich auch nicht nur verspotten und außlachen, sondern auch noch allerley Poßen erweisen darauf aber solt du ihnen antworten:

Ich weiß zwar wohl ihr verfluchte Geister, daß ich auß eigener Krafft hierzu nicht tüchtig bin, wol aber durch die Krafft Jesu Christi, der mich hierzu fähig gemacht hat, Haisch deß Weibes-Saamen, welcher euch den Kopf zertretten, euch eurer Fürstenthümer beraubet, und einen Triumph auß euch gemachet, derselbe hat mich geheiliget durch das Baad der Wiedergeburth und versiegelt mit seinem heiligen Leib und Blut, da er für mich gelitten, gecreutziget und gestorben, auf daß ich lebe, ihr aber seydt bey weitem nicht mehr diejenige, die ihr gewesen, dann ihr habt euere vorige Herrlichkeit verlohren, derohalben beschwöhre ich euch, durch diese Macht, welche ich besitze, und durch denjenigen, welcher mich mächtig gemacht hat, welcher ist Jesus von Nazareth deß lebendigen Gottes wahrer Sohn.

Ich beschwöhre euch dann anhero nochmals, trettet mir in und durch Jesus Nahmen den Schatz ab, und packet euch von hinnen in eure verdammte Hölle, dahin ihr verurtheilet und verstoßen seydt in alle Ewigkeit, durch Jesum Christum meinen Erlöser. Amen.

Hier mache das Heilige Creutz und einen Rauch. Auf dieses werden sie sich dir von Neuem wiedersehen in der größten Raserey und werden dir alle deine Sünden fürhalten, und alledem Thun und Laßen durch die Hechel ziehen, allein fürchte dich nicht, dann es ist nur eine Galgenfrist bey ihnen, sie wollen dich forchtsam und irre machen, derowegen antworte in rechtem Vertrauen auf Gott, folgender maßen, nachdem du dich zuvor abermals mit dem Heiligen Creutz bezeichnet, und einen Rauch gemacht hast.

Ich bin zwar ein Sünder, das gestehe ich, jedoch hat auch Jesus für meine Sünd gebüßet, dieselbe von mir genommen, und mich davon befreyet.

NB. Hierauf bette mit andächtigem Hertzen folgendes Schosgebettlein.

O du allerheiligster Gott und Mensch Jesu Christe! der du das rechte Himmelsbrodt und Speise der Engeln, ja auch ein Schrecken der Teufeln bist, der du vom Himmel in die Welt, dieselbe seelig zu machen, kommen bist, neige dich mit deiner Gnade zu uns und unserer Nothdurft, ob wir gleich voll sündlichen Unflaths seyn, wir bitten dich, laß das Verdienst deines Heiligen Leydens uns durch deine Gnade zu gute kommen und in diesem heiligen Kampf bey uns seyn, damit wie diese reissende Wölfe und stinckende Höllen-Böcke zu bezwingen gewürdiget werden, damit dir allein † (Hier mache das Zeichen deß Heiligen Creutzes) samt dem Vatter † und Heiligen † Geist sey Lob und Ehre in alle Ewigkeit. Amen.

Nun trollet und packet euch von hinnen, weil Jesus bey uns ist, ihr verfluchte Geister! ihr verbannte und verdammte Mucken, welche ihr den Geruch der Lieblichkeit zu verderben suchet, waß verweilet und zaudert ihr noch langer vergebens? da ihr doch wisset, daß Jesus euch allhier euren Harnisch anßgezogen, und aller Gewalt beraubet, Jesus ist da, an dessen Brust Joannes gelegen, welcher das Evangelium angestimmet:

Im Anfang war das Wort, und das Wort war bey Gott und Gott war das Wort, dasselbige war im Anfang bey Gott, alle Ding sind durch dasselbige gemacht, und ohne dasselbige ist nichts gemacht was gemacht ist: in ihm war das Leben, und das Leben war das Licht der Menschen, und das Licht leuchtete in der Finsterniß, und die Finsternuß haben es nicht begriffen: Es ward ein Mensch von Gott gesand, deßen Nahme war Joannes. Dieser kam zum Zeugnuß, daß er Zeugnus geben solte von dem Licht, damit sie alle durch ihn glaubeten; er war nicht das Licht, sondern daß er von dem Licht Zeugnus geben solte. Es war ein wahrhaftiges Licht, welches alle Menschen erleuchtet, die in diese Welt kommen, es war in der Welt, und die Welt ist durch dasselbige gemacht worden, die Welt aber hat es nicht erkannt: er ist in sein Eigenthum kommen, und die Seine haben ihn nicht aufgenommen, wieviel ihn aber aufgenommen haben, denen hat er Gewalt gegeben Kinder Gottes zu werden, nehmlich die da glauben an seinen Nahmen, welche nicht auß dem Geblüth, noch auß dem Willen deß Fleisches noch auß dem Willen deß Mannes, sondern auß Gott gebohren seynd. Und das Wort ist Fleisch worden, und hat unter uns gewohnet, und wir haben gesehen seine Herrlichkeit, eine Herrlichkeit als deß eingebohrnen Sohnes vom Vatter voller Gnade und Wahrheit.

Jesus das unzertrennliche Wort deß Vatters ist allhier, der Ewig von dem Vatter außgehet, und mit Ihme herrschet, Jesus ist gegenwärtig, der Glantz der vätterlichen Herrlichkeit, und das Ebenbild seines Wesens vor deme alle irrdische und höllische Knie sich beugen müßen, und alle Zungen bekennen, daß Jesus Christus der Herr seye zur Ehre Gottes des Vatters.

Jesus ist da, der König aller Königen, und Herr aller Herren, deßen Reich nicht ist Essen und Trinken, sondern Gerechtigkeit, Friede und Freude im heiligen Geist, deme das Reich und die Macht, und die Herrlichkeit ewig ist.

Jesus ist da, der in einem Fleisch, Gott und Mensch ist, und der einige Christus, welchen weder das Meer, noch die Erde, noch aller Himmel Himmel begreiffen können.

Jesus ist hier, welcher die von denen Sünden Gedruckte und Beschwehrte erquicket, und denen müden Seelen Ruhe gibet.

Jesus ist da, der vor allen reissenden Wölfen nicht fliehet, sondern sein Leben für seine Schafe läßt.

Jesus ist da, der auß eigener Gewalt denen unreinen Geistern gebotten, daß sie ihm gehorsamen müßen, welcher in der Judenschule den Teufel von einem Menschen außgetrieben, daß er geschrieen: was Hab ich mit dir zu schaffen Jesu von Nazareth, du bist kommen mich zu quälen.

Jesus ist da, der uns zu streiten wieder euch gemahnet, und den Sieg zuwegen gebracht hat, durch diesen, und durch alles dieses machen, wir euch verbindlich, beschwören und nöthigen wir euch, ihr verfluchte Creaturen, die ihr von Gott dem Allmächtigen wegen eures Hochmuths verdammet und verstoßen seydt, auf daß ihr euch von hinnen packet, und in euere höllische Wohnung, wo ihr hingehöret, hinfahret zu euerer Quaal, welche währet in alle Ewigkeit.

Anjetzo mache wieder einen Rauch, und wann sie noch länger verweilen wollen, so zeige ihnen auf Pappier mit Tauben-Blut geschriebenes Zeichen, alß

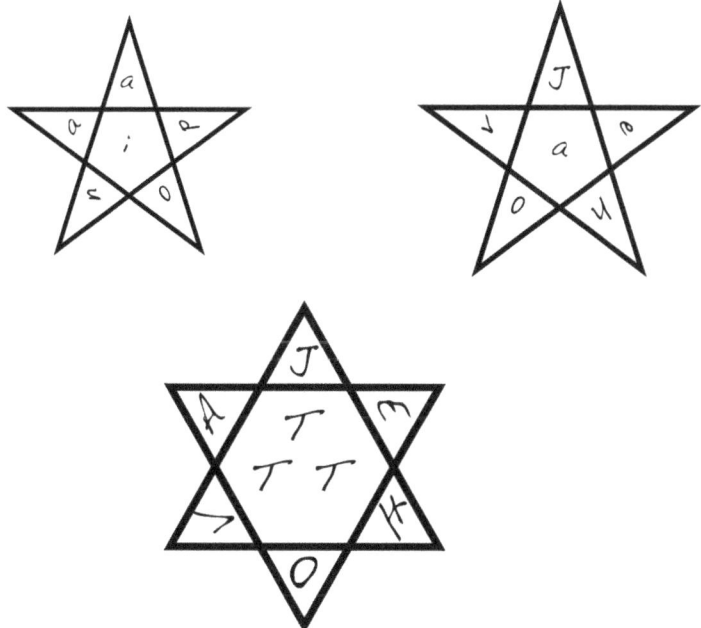

Nach diesem schreite zu folgender und letzter Beschwöhrung also:

Im Nahmen Gottes deß Vatters † deß Sohnes † und deß heiligen Geistes †. Amen.

Hel † Helomy † Sother † Emmanuel † Sabaoth † Agla † Tetragrammaton † Agyros † Otheos † Ischyros † Athanatos † Jehova † Va † Adonay † Saday † Homousion † Messias † Eschereheye †

unerschaffener Vatter †

unerschaffener Sohn †

unerschaffener heil. Geist †

Jesus Christus siegt †

Christus regieret †

Christus herrschet †

Wenn dich nun sündige Seele. (NN. hier wende dich zu der armen Seele und sprechе weiters) der Teufel gebunden, oder sonst auf eine Arth dich versuchet und überwältiget, so wird dich durch diese Krafft und durch sein Verdienst und große Barmhertzigkeit Jesus Christus deß lebendigen Gottes Sohn, welcher vom Himmel gekommen und in dem unbefleckten Leib der heiligen Jungfrau Maria zum Heil der Menschen, und deß Teufels Reich zu zerstören, Mensch worden von allen unreinen Geistern befreien, und alle Teufel von dir hinweg, und in den unergründlichen Abgrund der Hölle jagen; sehet deß Herrn Creutz, und fliehet ihr Feinde, der Löw auß dem Stamm Juda und Wurtzel Davids hat überwunden, dannenhero befehle und gebiethe ich euch und wir samtlich befehlen und gebiethen euch Teufeln und allen verfluchten Geistern, wie ihr immer Nahmen haben möget, auch seyn könnet, daß ihr euch aller Gewalt über unß und diesen Schatz begebet, und dieses befehlen und gebiethen wir euch durch die Ankunft Jesu Christi, und durch seine heilige Geburth, da man sagt:

Ein Kind ist unß gebohren, ein Kind ist unß gegeben deßen Herrschaft ist auf seiner Schulter, durch seinen unschuldigen Tod, und sein unschuldiges Blut, welches er an dem Holtz deß Creutzes für uns vergoßen hat.

NB. Hiebey zeige ihnen das Creutz und die Bildnuß des gecreutzigten Heylandes Jesu Christi und sprich weiter.

Ich beschwöhre und gebiethe euch nochmalen ihr böse und verfluchte Höllenhunde, weichet von uns und diesem Schatz, in die düstre Wälder und unreine Pfützschen, und in den tobenden Höllenfluß, und dieses befehle ich euch durch die heilige fünf Wunden Jesu Christi, wir aber empfehlen uns und diesen Schatz in die allmächtige Barmhertzigkeit Gottes deß Allgewaltigen und seines eingebohrnen Sohnes unseres lieben Herrn Jesu Chiristi.

Ich beschwöhre und verbinde euch, ihr sämtliche vermaledeyte Geister, verlaßet uns und diesen Schatz durch Krafft deß göttlichen Heyls, welches ist Jehova, der lebendige Gott, durch den gecreutzigten und gekrönten Gott, von deßen heiligen Angesicht ihr verstoßen seyd, und durch den Tod und Begräbnus Gottes, und durch die sieghafte Auferstehung Gottes, der zur Hölle gefahren, und einen Triumph auß euch gemacht hat, welcher wahrer Gott und Mensch ist.

Ich beschwöhre euch durch alle Evangelia, die in der gantzen christlichen Welt gelesen und geprediget werden, und durch die Heiligen zehn Gebott, welche Gott auf dem Berg Sinaj mit seinem Heiligen Finger selbsten geschrieben hat, und durch die zwölf Articul deß christlichen Glaubens, und durch das Heilige Creutz an welchem Jesus Christus die gantze Welt, und menschliche Geschlecht von eures Fürsten Sathanae Gewalt erlöset hat.

Ich beschwöhre euch bey der glorwürdigen Himmelfarth Jesu Christi, ihr verfluchte höllische Schaaren, verlaßet uns und diesen Schatz, welchen ihr bishero innen gehabt. Verwandelt und verrücket denselben nicht, noch weniger schadet uns weder an Leib und Seel, noch allem was wir haben. Verunreiniget auch nicht diesen Crayß, in welchem wir seynd, durch die Kraft Jesu Christi, welcher zukünftig ist, zu richten die Lebendige und die Todten und euch auf ewig in den höllischen Abgrund zu verdammen; bringet den Schatz her, und fliehet alßdann von unß durch die Macht eures Richters Jesu Christi. Im Nahmen Gottes deß Vatters † Gottes deß Sohnes † und Gottes deß heiligen Geistes † Amen.

NB. Dieses mus zu dreymalen wiederholet werden.

Nachdem mache zu Vertreibung der Teufel folgenden Rauch.

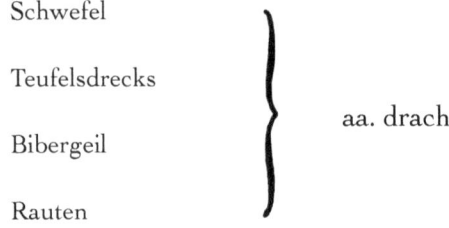

Schwefel

Teufelsdrecks

Bibergeil

Rauten

aa. drach.

Diese Stück untereinander gestoßen, und einen Rauch damit gemacht.

NB. Alßdann werden sie dir den Schatz und das Gefäß, darinnen derselbe ist mit der grösten Boßheit, Raserey und Ungestümm auch mit entsetzlichen Bedrohungen in den Crayß bringen, und ein Krachen, als wann gleich alles einfallen und ein Erdbeben kommen wolle machen, so balden sie denselben nun hinein gebracht, so werfe die drey Stücklein Brodt und Pappierlein darauf, damit sie sich nicht unterstehen können, denselben hinweg zu thun, oder zu verwandeln, und nehme dich in acht, daß du denselben mit keiner Hand oder Finger anrührest, ehe und bevor er wenigstens eine halbe Stunde gestanden, alßdann werden die Geister weichen; solten und wollen sie nicht von dannen gehen, so mache nochmals den erstgedachten Rauch, hierauf werden sie einen solchen Gestank hinterlaßen, daß dein Rauch nichts dagegen seyn wird, und ein grausames Gepolter machen, und dieses ist das Zeichen ihres Hinweggehens, deine Cameraden aber darfen deswegen noch nicht reden, bevor der Exorcist ein Gebett gegen Gott abgeleget, und der armen Seele, die man auch seegnen mus, Dank abgestattet worden.

Dahero ein jeder NB. vor sich still und mit aufgehobenen Händen betten soll das heilige Vatter unser etc.

Nachdem mus der Exorcist mit lauter Stimm und großer Hertzensandacht sprechen folgendes Gebett.

O du heiligste Dreyfaltigkeit, Gott Vatter † Sohn † und Heiliger † Geist, dir sey jetzt und in Ewigkeit Dank gesagt, daß du unß gewürdiget hast, diese arme Seele von der Gewalt deß Teufels zu erlösen, damit sie nun ruhen kan, biß an den Tag deß Gerichts, wir sagen dir auch also Dank, daß uns deine Gnade von der Gewalt dieses reissenden höllischen Wolfs, und seines Anhangs bewahret hat, du barmhertziger Vatter unsers Herren Jesu Christi, verleihe nun ferner dieser armen Seele die Gnade, daß sie dir in der ewigen Seeligkeit dienen, und deine Barmhertzigkeit preisen könne durch Jesum Christum der sie an dem Creutzesstamm erlöset hat in alle Ewigkeit. Amen.

Du aber erlöste Seele! lobe und preise mit unß Gott den Vatter, allmächtigen Schöpfer Himmels und der Erden, gehe nun hin im Frieden und verlaßt diesen Orth im Nahmen Jesu Christi, welcher unser und dein Erlöser ist, deßen theures Blut auch für deine Sünden vergoßen worden, derselbe seegne dich, und seye dir gnädig an dem Tage deß zukünftigen Gerichts, damit du unter die Zahl derer Auserwählten seeligen und heiligen Engel mögest gerechnet werden durch Jesum Christum. Amen.

Alle gute Geister loben Gott den Herrn mit uns.

NB. Mache hierauf das Zeichen deß Heiligen Creutzes, und räuchere mit dem wolriechenden Rauch, davon oben gemeldet und geschrieben worden.

Auf dieses wird dir NB. die Seele zur Danksagung die Hände reichen, allein hüte dich, daß du ihr die Hand nicht giebest, den sonsten wirst du greßlich verbrennen, zumalen wann sie noch ihre vorige Quaal in etwas spühren solte, lange ihr aber dagegen den Stab Caroly, in welchem du alßdann eine deutliche Marque oder Zeichen deß Brennens finden wirst, nach diesem wird sie mit vollkommener Zufriedenheit seufzend von dannen gehen, wann du sie zuvor mit dem Zeichen deß Heiligen Creutzes und mit nochmaliger gemachter wolriechender Räucherung wirst gesegnet haben.

Nun bäte ein jeder in der Stille und mit andächtigem Hertzen das heilige Vatter unser etc.

Nachdem aber mit lauter Stimme zugleich diesen

91. Psalm.

Wer unter der Hülff deß Allerhöchsten wohnet, der wird in Schirm Gottes deß Höchsten bleiben.

Er wird zum Herrn sagen, du bist's der mich aufnimmt, und meine Zuflucht, mein Gott, ich will auf dich hoffen.

Dann er hat mich vom Strick der Jäger erlöset, und vom rauhen Wort.

Er wird dich mit seinen Achseln überschatten und du wirst deine Hoffnung unter seinen Flügeln haben.

Seine Wahrheit wird dich mit einem Schild umgeben. Du wirst dich nicht fürchten für dem nächtlichen Schröcken.

Für dem Pfeil der im Tag flieget, für dem Geschäfft, das in der Finsterniß herum wandelt, für dem Anlauff und mittägigen Teufel.

Es werden Tausend fallen an deiner Seiten, und zehn Tausend an deiner Rechten, aber zu dir wirds nicht nahen.

Sondern du wirst anschauen mit den Augen, und die Vergeltung der Gottlosen sehen.

Dann Herr du bist meine Zuversicht, du hast den Allerhöchsten zu deiner Zuflucht gesetzt.

Es wird kein Unglück zu dir kommen, und die Plage wird sich zu deiner Hütten nicht nahen.

Dann er hat seinen Engeln von dir befohlen, daß sie dich behüten auf allen deinen Wegen, sie werden dich auf den Händen tragen damit du deinen Fuß nicht an einen Stein stoßest.

Du wirst über Nattern und Basilisken gehen, und wirst Löwen und Drachen zertreten.

Dieweil er auf mich gehoffet hat, so will ich ihn erretten, ich will ihn beschirmen, denn er hat meinen Nahmen erkennet.

Er wird zu mir rufen, und ich will ihn erhören, ich bin mit ihm in der Trübsaal, ich will ihn daraus erretten, und zu Ehren bringen.

Mit langem Leben will ich ihn erfüllen, und ihm mein Heil zeigen.

Ehre sey Gott dem Vatter † und dem Sohn † und dem Heiligen † Geist, als er war im Anfang, jetzt und allwege zu ewigen Zeiten. Amen.

Von Christian Eibenstein erschienen:

Fünf Bücher der Schwarzen Magie: Kornreuther, Herpentil, Scotus und Dee – Geister, Siegel und Beschwörungen

Gebundene Ausgabe, 148 Seiten

ISBN: 978-3842366732

Grimoirium Verum – Solomons Schlüssel der Weisheit: Zwei Bücher der praktischen Magie

Gebundene Ausgabe, 140 Seiten

ISBN: 978-3848201792

Das Schwert Moses: Ein altes Buch der Magie

Taschenbuch, 140 Seiten

ISBN: 978-3848204823

Grimorium Mercurium

Taschenbuch, 72 Seiten

ISBN: 978-3844814439

Aesch Mezareph: Reinigendes Feuer

Taschenbuch, 60 Seiten

ISBN: 978-3837040227

Der kleine Albert: Die magische Schatzkiste

Gebundene Ausgabe, 128 Seiten

ISBN: 978-3732296231